POSCO ICT 사내벤처 1호 대표에서
'혁신의 아이콘'이 되기까지 15년간의 생생한 인생 스토리

나는 슈퍼자기경영으로 인생을 송두리째 바꿨다

4차 산업혁명 시대를 선도하는 슈퍼자기경영

김재광 지음

도서출판 청어

나는 슈퍼자기경영으로 인생을 송두리째 바꿨다

김재광 지음

발행처 · 도서출판 청어
발행인 · 이영철
영　업 · 이동호
홍　보 · 이수빈
기　획 · 천성래
편　집 · 방세화
디자인 · 김희주
제작부장 · 공병한
인　쇄 · 두리터

등　록 · 1999년 5월 3일
(제321-3210000251001999000063호)

1판 1쇄 인쇄 · 2018년 3월　1일
1판 1쇄 발행 · 2018년 3월　6일

주소 · 서울특별시 서초구 효령로55길 45-8
대표전화 · 586-0477
팩시밀리 · 586-0478

홈페이지 · www.chungeobook.com
E-mail · ppi20@hanmail.net
ISBN · 979-11-5860-542-1 (13320)

이 도서의 국립중앙도서관 출판시도서목록(CIP)은 서지정보유통지원시스템 홈페이지
(http://seoji.nl.go.kr)와 국가자료공동목록시스템(http://www.nl.go.kr/kolisnet)에서
이용하실 수 있습니다.(CIP제어번호: CIP2018003366)

나, 우리, 세상 그리고

미래를 빛나게 바꿀

그대에게 바친다.

차례

|머리말|

왜 슈퍼자기경영인가

세상이 기하급수적으로 급변하고 있다. 어제 다르고 오늘 다른 세상에 사람들은 어쩔 줄 몰라 한다. 방송과 신문지상은 온통 4차 산업혁명에 대한 이야기로 가득 채워져 있다. 로봇으로만 운영되는 호텔이 등장하고, 전기자동차가 조금씩 거리를 채우는가 싶더니 자율주행자동차의 상용화가 현실이 되고 있다. 생활은 눈부시게 편리해지는데 다들 불안해한다.

알파고가 이세돌 9단을 이기는 광경을 지켜본 사람들은 경악했다. 우리가 미처 깨닫지 못하는 사이에 인공지능은 인간을 추월하며 우리의 자리를 노리고 있었던 것이다. 아무런 준비도 대책도 없는 우리는 도대체 어떻게 해야 한단 말인가?

이제 우리는 기존 삶의 패턴과 스타일에 내 몸을 맡기며 별 생각 없이 살던 호시절의 종결을 강제로 당하게 생겼다. 4차 산업혁명이라는 거대한 위기의 쓰나미가 우리를 삽시간에 덮치는 광경을 서로 부둥켜 안으면서 뜬 눈으로 멍하니 바라만 봐야 한단 말인가?

그저 주저앉아 운명의 소용돌이에 맥없는 지푸라기처럼 휘말릴 수는 없는 노릇이다. 우리가 누구인가? 만물의 영장이 아니던가? 잠시 안이한 생각으로 살던 시절을 뒤로 하고 다시 결연히 깨어나야 한다. 주위를 다시 세심히 살피고 선제적으로 능동적으로 움직인다면 방법은 언제나 있기 마련이다.

1차, 2차, 3차 산업혁명 속에서 위기를 맞은 자와 기회를 얻는 자는 항상 동시에 존재했었다. 또한 1, 2차 세계대전, 6·25 전란의 포화 속에서도 오히려 더 크게 성공한 기업가가 새롭게 등장하곤 했다. 위기가 곧 기회라는 말은 절대 빈말이 아닌 속이 꽉 찬 진실이다.

다함께 새롭게 다시 시작하자. 시작은 언제나 늦은 법이 없다. 지금부터 차근차근 내실 있게 꿋꿋이 준비한다면 우리는 위기를 기회로 바꾸고, 나아가 오히려 더 큰 성공과 행복을 얻을 수 있게 된다. 방법을 알면 진작 준비했을 것이라고 항변할지도 모른다. 그래, 맞다. 문제는 방법이다. 방법을 알면 두려움 없이 누구나 철저하게 준비할 수 있을 것이다. 물론 이 책을 통해 그 방법을 확고하게 소개할 것이므로 전혀 걱정할 필요가 없다. 그 방법은 바로 필자가 만 15년 동안의 노력을 바탕으로 개발한 나, 우리, 세상 그리고 미래를 빛나게 바꾸는 '슈퍼자기 경영(Super Self-Management, SSM)'이다.

다이아몬드와 흑연은 모두 탄소(C) 원자로만 구성되어 있지만 탄소의 배열에 따라 이 둘의 운명은 극명하게 엇갈린다. 다이아몬드는 탄소 원자가 서로 완벽하게 결합해 세상에서 가장 단단한 천연 광물인 최고의 보석이지만, 흑연은 탄소 원자 간 느슨한 결합으로 불투명하며 단단하지도 않아 연필심으로 쓰인다.

하지만 근래 과학자들은 흑연으로부터 그래핀(Graphene)이라는 4차 산업혁명을 주도하는 신소재 물질을 찾아냈다. 이 그래핀은 2004년 영국의 가임(Andre Geim)과 노보셀로프(Konstantin Novoselov) 연구팀이 개발해 노벨 물리학상을 받았다.

그래핀은 강철보다 200배 이상 강하며, 다이아몬드보다 2배 이상 열전도성이 높다. 구리보다 100배 이상 전기가 잘 통하고, 실리콘보다 100배 이상 전자의 이동성이 빠르다. 또한, 빛을 대부분 통과시켜 투명하며 신축성도 매우 뛰어나다. 이러한 이유로 꿈의 신소재로 각광받고 있다.

슈퍼자기경영은 이미 최고인 다이아몬드가 아닌 평범한 흑연으로부터 꿈의 신소재 그래핀과 같은 위대한 물질을 찾게 해줘 평범한 사람도 누구나 위대한 사람으로 만들어 주는 지속가능한 성공 모델이다.

지금 인류가 직면하고 있는 위기는 나, 우리, 세상 그리고 미래를 송두리째 바꾸는 총체적인 접근이 아니면 그 어떤 방법도 무용지물이 되고 만다. 그만큼 인류가 처음 경험하는 절체절명의 시간대에 들어서고 있는 것이다.

필자는 2003년 4월 사내벤처를 접고 회사를 나온 후 지난 만 15년의 세월동안 사람들의 보다 나은 삶, 빛나는 세상을 만드는 데 일조하기 위해 묵묵히 꿋꿋이 걸어왔다. 이제부터 필자가 걸어왔던 이러한 지난한 길을 바탕으로 그 방법인 '슈퍼자기경영'을 차근차근 하나씩 하나씩 아주 쉽게 풀어헤칠 것이다.

외로워하거나 두려워 할 필요도 없다. 우리 모두가 함께 할 것이다. 서로 달래고 보듬으며 함께 꿋꿋이 나아가면 된다. 힘들지 않을까 노심초사할 필요도 없다. 시행착오는 필자가 이미 다 거쳤다. 여러분은 그저 잘 닦인 길을 즐기면서 걷기만 하면 된다.

슈퍼자기경영의 첫 번째는 먼저 나를 빛나게 바꾸는 것이다. 출발은 언제나 나로부터다. 자기로부터의 혁명의 고비를 무사히 넘게 되면 절반은 성공한 것이다. 그다음은 우리다. 우리를 빛나게 바꾸는 것은 의

외로 간단명료하다. 몇 가지 우주의 법칙만 체화하면 되기 때문이다. 우리를 빛나게 바꾸게 되면 그 다음은 세상이다. 4차 산업혁명이 어떻게 흘러 어디로 돌아가게 될지에 대한 명확한 이해가 선행된다면 세상도 능히 빛나게 바꿀 수 있다.

그렇다면 4차 산업혁명의 쓰나미 속에서 살아남은 사람들은 모두 초인이 되어 미래가 스스로 빛나게 바뀌게 될 것이다.

모두가 존귀한 빛나는 세상을 바라며.

가장 뛰어난 사람은 고뇌를 통해 환희를 차지한다.

베토벤

슈퍼자기경영

제1부

삶을 고뇌하다

자연을 벗 삼아, 가난을 스승 삼아

십 리 길을 멀다않고 매일 걸어서 초등학교로 통학하던 그때 그 시절, 나는 푸른 하늘에 두둥실 떠다니는 구름을 보면서도 자연과 세상에 대한 호기심이 강렬히 발동하곤 했다. 구름은 어떻게 만들어져 어디에서 어디로 흘러가는 걸까?

'세상은 호기심 천국이야. 모든 게 다 신기해.'

한적한 시골에서 자란 탓에 또래 친구가 그리 많지 않았던 나에겐 그저 자연이 모두 벗이었다. 하늘도 구름도 산도 냇물도 어느 하나 신기하지 않은 것이 없었다. 꽤나 먼 초등학교를 가고 오는 중간 중간 짬짬이 나는 자연을 벗 삼아 그렇게 하루를 보내곤 했다.

특히, 나는 학교를 마치고 집에 돌아와서는 거의 항상 소를 몰고 들판으로 나갔다. 소 풀을 뜯어 먹이기 위해서였다. 족히 하루에 2, 3시간은 그렇게 늘 소와 함께 지냈다. 그러니 소는 당연히 나의 둘도 없는 친구였다.

시골에서 소는 정말 중요한 동물이다. 거의 가족만큼이나 소중하다. 우리가 익히 잘 알고 있듯이, 고 정주영 회장은 소를 판 돈으로 사업에 성공했을 정도이니 말이다. 소는 우직이 묵묵히 사람들 곁에서 가난한 농가의 젖줄 역할을 톡톡히 해 왔던 것이다. 그러니 아버지는 늘 쌀농사를 지으시면서 겨우 몇 마리 키우는 소를 그렇게 애지중지했다. 나는 그런 아버지를 도와서 학업보다는 오히려 소와 함께 더 많은 시간을 보냈다. 사실 초등학교 시절 공부는 학교에 있을 때만 했다. 집에 돌아오면 언제나 농사일 등으로 부모님을 도왔다. 초등학교 시절에는 늘 그랬던 것 같다. 공부는 뒷전이었다.

농사일이 없을 때라고 공부에 따로 몰두한 것도 아니었다. 또래 친구들과 함께 뛰어 놀다가 밤늦게 집에 들어오기 일쑤였다. 그런 날은 으레 아들 걱정에 안절부절못하시며 이곳저곳 나를 찾아다니시던 어머니에게 혼이 나곤 했다.

이것저것 핑계를 대거나 거짓말을 하면 아버지에게 더 큰 야단을 맞았다. 아버지는 항상 나에게 말씀하셨다.

'사람은 정직해야 한다.'

아버지의 이 말씀이 나의 마음 속 깊은 곳에 각인이 되어서인지 나는 지금도 거짓말을 못한다. 아니 평생 거짓말은 나의 사전에 없을 것 같다.

그 시절 우리 집은 몹시 가난했다. 물론 그때 겨우 몇 마지기 정도 농사를 지으며 근근이 살던 시골 사람들은 대개 다 그랬다. 매서운 칼바람이 마을을 온통 얼어붙게 하던 차디찬 겨울을 무사히 넘기기란 결코 쉬운 일이 아니었다. 요즘 누가 보릿고개라는 말을 기억하고 있겠는가? 하지만 그때 그 시절에는 분명 이 말은 호환마마만큼이나 무서운 말임에 틀림없었다.

기나긴 겨울 한 해 농사로 지은 쌀이 거의 바닥이 날 쯤 혀 안을 거칠게 파고드는 보리밥조차도 구경하지 못해 힘겨워했던 적이 있었다. 요즘 사람들은 보리를 유기농 영양식으로 먹으니 그 사이 세상은 많이도 변했다.

아이러니하게도 보리는 겨울이 혹독할수록 또 자주자주 밟아줄수록 더욱더 잘 자란다. 영어로 봄을 'Spring'이라고 하는 이유가 분명 있는 것이다. 용수철은 누르면 누를수록 더 세계 더 높이 튀어 오르는 법이다. 이런 자연의 이치 속에서도 배움은 늘 존재한다.

시골에서는 보리 외에도 구황작물로 감자나 고구마를 많이 재배했

 나는 슈퍼자기경영으로 인생을 송두리째 바꿨다

다. 우리 집도 그랬다. 소죽을 쑨 후 벌겋게 달아 오른 장작불에 고구마를 구워 먹던 그 맛을 지금도 잊을 수 없다. 가난으로 허기진 몸을 추스르기에 충분했다. 아니 가난해서 오히려 더 달콤하고 맛있었다.

지금 이 글을 쓰고 있는 나의 두 눈에는 비록 가난했지만 마음만은 절대 가난하지 않았던 그 시절 풍경이 가득 차서 올올이 아름답게 흘러내린다.

밖은 온통 전날 밤에 내린 흰 눈이 소복이 덮여 있다. 소년은 차갑게 얼어붙은 두 손을 비벼 녹이며 장작을 준비한다. 소죽을 쑤기 위해서다. 소도 잘 먹고 잘 살아야 한다. 가족이나 다름없으니깐. 아궁이 근처에 있던 불쏘시개로 연신 장작불을 쑤신다. 벌겋게 달아오른 숯불은 소죽을 그렇게 맛깔나게 익게 한다. 이때쯤 고구마가 생각난다. 창고에 넣어두었던 고구마를 몇 개 슬쩍 꺼내서 숯불 속에 집어넣는다. 그리곤 다 익은 소죽을 퍼서 먹을 것을 잔뜩 고대하고 있던 소에게 먹인다. 나는 소죽을 먹고 있는 소의 등을 연신 쓰다듬는다. 그 사이 노릇노릇해진 고구마로 가족과 함께 오손도순 이야기를 나누며 저녁을 대신한다. 그렇게 어느 단란한 가족의 밤은 포근하게 깊어간다.

오로지 자식들을 위해 한평생 천심(天心)으로 살다가 내가 태어난 날 태어난 시간에 돌아가신 아버지, 늘 자식 걱정에 애태우시는 어머니,

동생들 뒷바라지에 허리가 휜 형과 누나, 그리고 언제나 열심히 살고 있는 집안의 분위기 메이커 여동생, 이렇게 여섯 식구의 저녁은 결코 가난하지 않았다.

풍요가 넘치는 지금보다 자연을 벗 삼아, 가난을 스승 삼아 즐겁게 의연히 살았던 그때가 오히려 더 그립다.

공부밖에 몰랐던 중고교 시절

나는 초등학교를 졸업한 후 시내에 있는 중학교에 다니면서 누나 동생과 함께 자취를 하게 된다. 시골과 전혀 다른 분위기의 환경에 놓이면서 한동안 의기소침했었다. 초등학교 시절 공부를 게을리 한 탓에 도무지 적응이 안 되었다. 그렇게 중학교 1년이 지나면서 차츰 나아지기 시작했다. 지금 기억으로는 중학교 2학년 중간고사 시험을 쳤을 때 운 좋게 상위 클래스에 랭크된 적이 있었다. 그때서야 공부에 흥미가 붙으며, '나도 할 수 있다'는 자신감이 생겼다. 그 이후로는 줄곧 공부에 매진했다. 친구들과 노는 시간보다는 책을 붙잡고 씨름하는 시간이 더 좋았다.

고등학교는 또 달랐다. 다들 공부를 열심히 했다. 물론 나도 그랬다. 수재들만 모아 놓았으니 나는 또 뒤처져 있었다. 남들처럼 돈이 많아 과외를 받은 적도 없고, 참고서 살 돈도 없었다. 사실 끼니가 더 걱정이었다. 늘 배고팠다. 먹은 게 별로 없으니 겨울이 그렇게 추울 수가 없었다.

아이러니하게도 공부시간에는 늘 졸았다. 야근 자율학습시간이 되어서야 공부를 하곤 했다. 그때 그 시절에는 야근 자율학습이라는 게 있었다. 아침 일찍 등교하면 밤늦게까지 학교에 남아서 공부를 했다. 성적이 우수한 학생들은 따로 기숙을 할 수 있게도 해 줬다. 그래서 난 3학년 무렵에는 학교에서 기숙하며 공부를 했다.

고등학교 시절 우리 누나는 나 때문에 참 고생을 많이 했다. 자신은 챙기지도 못하고 밤늦게 공부하는 나를 찾아와 먹을 것을 챙겨주곤 하면서 내 뒷바라지를 했다.

당시 우리나라는 선진국에 비해 너무 뒤처져 있었다. 그렇기에 선진국을 따라잡기 위해 혼신의 힘을 기울이며 캐취업(Catch-up) 전략을 쓰던 우리나라의 교육은 오로지 암기식 입시 위주였다. 대부분의 학생들은 명확한 꿈도 비전도 없이 오로지 좋은 대학에 진학하는 것이 단 한 가지 목표였다. 나도 마찬가지였다. 그런 분위기에서 나는 어떤 과를 선택해서 어떤 일을 하면서 어떻게 살 것인가는 뒷전이고 오로지 명문대 입학을 위해 공부했다.

때마침 포스텍이 개교하면서 어려운 사람들을 위해 장학금을 대폭 지원하고 등록금도 거의 받지 않는 혜택을 제공했다. 하여튼 집안 사정이 여유롭지 못한 나는 학생들의 학비 부담을 크게 덜어주는 세계적인 연구중심대학 포스텍에 들어간다.

　　　　　　　　나는 슈퍼자기경영으로 인생을 송두리째 바꿨다

세계적인 연구중심대학, 포스텍

내가 입학 당시 포스텍은 그야말로 허허벌판이었다. 포스텍의 불굴의 정신, 7전 8기를 상징하는 78계단과 현대식 강의실이 다였다. 대학 생활을 즐길만한 유흥이라곤 찾아볼 수 없었다. 잔디밭에 한가로이 오순도순 앉아서 따사로운 햇살을 즐기는 사람은 상상조차 할 수 없었다. 중고교 시절 공부만 하다가 대학에 진학하는 대부분의 학생들이 꿈에 그리던 낭만이 있는 대학의 모습과는 사뭇 달랐다.

다들 그렇게 생각했다.

'도 닦는 마음으로 공부밖에 할 게 없다.'

하지만 난 전국의 수재들이 모인 틈바구니 속에서 방황하며 공부에도 몰두하지는 못했다. 그저 이곳저곳을 기웃거리다가 결국 군에 입대했다. 정신을 차리고 싶었다. 의기를 다지고 싶었다. 냉혹한 현실을 맞이할 준비가 되어 있지 않았던 것이다. 결국 난 전방 예비사단에서 현역으로 군복무를 마치고 몇 년 후 다시 학교로 돌아왔다.

그때서야 난 복학생 신분으로 공부에 매진했다. 공부를 하는 중간중간에도 내가 나의 길을 제대로 잘 가고 있는지에 대한 의구심은 여전했다. 속칭 공돌이로서의 한계를 항상 절감하고 있었다. 세상 돌아가는 이치는 모른 체 컴퓨터 공학도로서 코딩에만 열중하고 있는 모습이 늘 마음에 걸렸다. 공부에 열중하고 코딩에 시간을 투자할수록 내가 자꾸만 작아지는 것 같았다.

'무슨 생각으로 공부하고 있는 건지?'

그냥 졸업하기 위해서 열심히 공부를 한 것이었다. 명확한 꿈도 비전도 없었다. 사실 내가 무엇을 원하는지 조차도 알 수가 없었다. 그 당시 세계적인 연구중심대학의 기치를 내건 포스텍은 막 시작 단계였기 때문에 인문학적 소양을 기를 수 있는 교육이 미흡했다. 그저 나는 공돌이 신세 이상도 이하도 아니라는 기분을 떨칠 수가 없었다.

'왜 살아야 하며, 무엇을 위해 어떻게 살 것인가?'

학교 내에서는 이러한 대명제에 대해 답해 주는 교육이 거의 없었다. 방대한 양의 공학 지식을 스펀지처럼 흡수해서 새롭고 혁신적인 연구성과를 만들어야 했기에 더욱더 이런 것에는 신경을 쓸 여력도 여유도 없었다. 하지만 나는 '왜 살아야 하며, 무엇을 위해 어떻게 살아야 하는지'를 꼭 알고 싶었다. 그렇다면 작아지는 나를 극복하고 더 큰 나로 만들 수 있을 것이라고 생각했다. 나아가 나를 뛰어넘어 세상의 발전을 위해서도 일조할 수 있을 것으로 믿었다.

이런 이유로 나는 부족한 인문학적 소양을 기르기 위해서 전공 공부를 하는 짬짬이 역사나 철학 쪽에 관심을 가지고 책을 읽기 시작했다. 지금 생각해 보면 그게 대학 생활의 전부였던 것 같다.

포스텍에서 살아남기 위해서는 잠시라도 노는 것은 상상조차 할 수 없었다. 또 전공 외에 인문학 책을 읽을 시간이 조금도 나질 않았다. 공부와 숙제를 하느라 거의 매일 새벽 2시에 도서관에서 내려왔다. 잠시 매점에 들러 컵라면 하나로 허기를 채운 후 기숙사에 떠밀리듯이 지친 심신을 누이는 것 외에는 별다른 것 없이 그렇게 대학 생활은 씁쓸히 마감되었다.

삶 그리고 여행

- 아름다운 이유 -

살을 에는 듯한 추위도

견디기 힘든 고난도

혼자만의 쓸쓸함도

그 모두에는

아름다운 이유가 있다.

인생은 실수를 저지르고 이를 고쳐나가는 과정이다.

요나스 서크

나는
슈퍼자기경영으로
인생을
송두리째 바꿨다

제2부

좌절 그리고
그 위대한 힘

POSCO ICT 사내벤처 1호,
그 짧은 영광과 긴 좌절

삶의 목적을 궁구하던 나는 LG CNS(당시 LG-EDS)에서 잠시 근무하다가 POSCO ICT(당시 포스데이타)로 옮겨 고향에 돌아온 후 사내벤처 1호를 경영하며 처음으로 사업을 했다.

젊은 시절 '사업'이라는 말만 들어도 들뜬 적이 있었다. 사업을 하면 뭔가 새롭고 특별한 인생을 살 수 있을 것 같은 막연한 기대감에 가슴이 설레어 잠을 못 이루곤 했다. 때마침 POSCO ICT는 제2의 도약을 위해 직원들의 사기를 진작하고, 사업을 확장하기 위한 일환으로 사내벤처 제도를 도입했다.

그 당시 나는 별 생각 없이 손을 번쩍 들어 "저요" 하며 하룻강아지 범 무서운 줄도 모르고 사업의 세계에 무모하게 뛰어 들었다. 하지만 기대는 우려로 빠르게 바뀌었다. 사실 나는 사업을 하기에는 아무것도 준비가 되어 있지 않았던 것이다. 대학에서 컴퓨터 공학을 전공했으니 아는 건 겨우 IT 기술 정도가 다였다. 반면 인생에 대한 다양한 직간접적인 경험이 부족했고, 사업 경험은 전무했다. 당연히 나는 헤매기 시

    나는 슈퍼자기경영으로 인생을 송두리째 바꿨다

작했다. 이는 시작할 때 이미 예정되어 있었다.

사업의 세계에서는 기술이라는 것은 기본에 불과하고, 사람을 경영을 할 수 있어야 한다. 경영은 세상 돌아가는 흐름을 파악할 수 있어야 하고, 사람에 대한 깊은 인식이 필요했다. 이른바 용인술(用人術)이 필요하다. 용인술은 사람의 마음을 얻어 사람을 자발적으로 움직이게 하는 쉽지 않은 일이다.

일단 뜻을 함께 할 사람이 있어야 했고, 또 그들을 움직이게 하는 비전도 필요했다. 나만 멋진 인생을 살기를 원하는 것이 결코 아니다. 세상 사람들은 누구라도 성공하고 싶어 하고 행복하길 원한다. 따라서 그들과 함께 한다는 것은 곧 그들의 삶을 책임진다는 의미다.

그런데 나는 나의 인생도 책임 못 지면서 다른 이를 끌어들여 헛고생만 시키다니 통탄할 일이었다. 게다가 회사에 큰 누를 끼쳐 마음이 몹시 불편했다. 언젠가는 꼭 빚을 갚을 날이 오리라고 생각하며 줄기차게 달려왔다. 아닌 그런 날은 반드시 와야 하고 꼭 오게 만들어야 했다.

하여튼 부끄러운 일이지만, 그 당시 사실 나는 뭐가 뭔지도 모르고 아무 개념이 없었다. 무작정 사업에 뛰어든 것이다. 사업은 세상과 사람 그리고 기술 전체를 꿰고 있어야 하는 종합 예술이다. 어쩌다 운 좋게 성공하면 저쩌다 실패하고 만다.

결국 나는 아무런 성과도 못 내고 중도에 그만 두고 만다.

초라한 실체 그리고 깊은 고민

인정하기는 싫지만 초라한 나의 실체와 정면으로 맞닥뜨린 것이다. 포스텍이라는 명문 대학교를 나온 것 외에는 아무 것도 아는 것이 없었던 것이다. 그것이 나의 진정한 실체였음을 그때서야 비로소 깨달았다. 중고교 시절 암기식 교육에 지치고 대학교에서조차도 오로지 기술 교육에 매달렸기에 그 외에는 아무것도 모르는 허깨비 같은 존재가 바로 나였다.

이 사실을 아는 데도 무려 수년이 걸렸다. 나는 깊은 좌절에 빠졌다. 무엇을 어떻게 해야 할지 막막했다. 그나마 남은 것이 있다면 '이렇게 하면 실패하는구나' 하는 소중한 경험 정도였다.

그렇다고 누구 하나 가르쳐 주는 사람이 없었다. 오로지 나 스스로 헤쳐 나가야 했다. 하지만 쉽지 않았다. 난 한동안 아무것도 하지 못한 채 세월만 무심히 낚았다.

초라한 실체와 마주한 나는 그때부터야 비로소 정말 진지하게 인생에 대해, 사업에 대해 고민하기 시작했다. 세상 모든 것은 준비가 되어 있지 않은 상태에서는 아무것도 이룰 수 없다는 것을 깊이 절감했다.

그러다가 문득 책을 집어 들었다. 자기계발서였다. 일단 나를 제대로 세울 필요가 있었다. 자기계발 분야 베스트셀러 책은 일단 닥치는 대로 읽었다. 그러면서 차츰 독서의 폭을 넓혀 갔다. 경영, 경제, 철학, 역사 등 다양한 분야의 책을 손에 집히는 대로 읽었다.

얼마나 읽었을까? 한 1, 2년은 족히 읽었다.

     나는 슈퍼자기경영으로 인생을 송두리째 바꿨다

나를 제대로 진단하다

그제야 나의 모습이 제대로 들어왔다. 그전까지는 막연했다. 그냥 자신이 세상물정도 모르고 날뛰었던 하룻강아지 같은 사람이라는 것 외에는 말이다.

소크라테스의 말처럼, 모든 것은 '나를 아는 것'으로부터 시작한다.

'너 자신을 알라.'

이 말은 사실 굉장히 어려운 말이다. '산은 산이요, 물은 물이다'라는 말처럼 말이다.

인류는 인간을 이해하고, 자연을 이해하기 위해 수천 년 동안 모든 에너지를 쏟아가며 달려왔지 않은가? 그만큼 나 자신을 안다는 것, 결코 가벼운 말이 아니다. 하물며 나도 모르는데 어찌 세상을 알며, 또 어떻게 사람들과 함께하며 그들을 리드해 세상을 빛나게 바꾸겠는가?

그런데 현대 경영학에서는 기업의 상황을 심플하게 파악하기 위해

SWOT이라는 매우 간편한 툴을 광범위하게 사용한다. 이는 나와 나를 둘러싼 외부 환경을 파악하는데도 유용하게 사용될 수 있다. 이 SWOT 분석은 스탠퍼드 대학에서 개발한 경영이론으로 Strength, Weakness, Opportunity, Threat의 앞 글자를 따서 명명됐다.

즉 나는 어떤 강점(Strength)과 약점(Weakness)을 가지고 있으며, 외부에는 어떤 이용 가능한 기회(Opportunity)와 피해야 할 위협(Threat)이 있는지를 한눈에 심플하게 파악하게 해준다.

SWOT 분석

SWOT 분석에서처럼 나를 분석한다고 나만 분석하는 오류를 범하면 안 된다. 주역 계사전에 나오는 '近取諸身 遠取諸物(근취저신원취저물: 가깝게는 자기 몸에서 진리를 찾고 멀게는 각각의 사물에서 진리를 찾아야 한

     나는 슈퍼자기경영으로 인생을 송두리째 바꿨다

다'이라는 말에서 알 수 있듯이, 나를 알기 위해서는 나를 둘러싼 사물과 세상도 함께 알아야 한다. 따라서 나뿐만 아니라 나를 둘러싼 외부 환경을 함께 파악하는 것이 바로 제대로 나를 파악하는 일의 기초다.

그래서 나도 SWOT 분석을 해 보았다.

Sterngths	Weaknesses
• 새롭게 시작하려는 열정 • IT 전문지식	• 경영지식 부족 • 사업경험 부족
Opportunities	Threats
• 뉴 밀레니엄 시대의 개막	• 글로벌 경기 변동

'이 얼마나 심플한가?'

한눈에 나의 실체가 제대로 드러났다.

나는 열정이 강했다. 오기도 있었다. 한 번 실패는 있어도 두 번 실패할 수는 없어야 했다. 안 되면 되게 하고, 될 때까지 하면 된다. IT 전문지식, 잘은 모르지만 그런 것도 있기는 했다. 이것이 나의 강점의 모든 것이었다.

그렇다면 약점은 어떤가? 두 가지만 적었지만 사실 수도 없이 많을 것이다. 다만 그 당시의 나의 상태를 가장 적절하게 표현한다면 바로 '경영지식 부족, 사업경험 부족'이라는 두 마디로 요약될 수 있었다. 경영이 뭔지도 몰랐고, 사업을 해 보지도 않았다. 그러니 제대로 될 리가 만무했다.

외부 환경은 또 어떤가? 내가 사내벤처를 그만 둘 무렵 세상은 뉴 밀레니엄의 분위기로 들썩들썩할 때다. 반면 인터넷의 거품 붕괴로 상당수의 많은 기업들이 도태되거나 매우 불안정한 시기였다.

한 마디로 준비도 안 되었고, 때도 아니었다. 모든 일에는 그때 그 일을 하는 그 사람이 있기 마련이다. 그때 그 일을 하는 그 사람이 되기 위해서 나는 준비를 해야 했다. 얼마나 오래 걸릴지 모르지만 때가 올 때까지 묵묵히 걸어 나가야 했다. 그것이 전부였다.

링컨이 이렇게 말한 적이 있다.
"나는 준비하고 또 준비할 것이다. 그렇다면 언젠가 나에게도 기회가 올 것이다."
그렇다. 나는 나의 강점은 살리고, 약점은 지속적으로 보완해 나가

   나는 **슈퍼자기경영**으로 인생을 송두리째 바꿨다

는 것과 동시에 세상 돌아가는 상황을 파악하면서 기회가 다시 오기
를 기다려야 했다.

다시 시작할 것을 결심하다

어느 날 머리도 식힐 겸 가까운 경주 남산을 찾았다. 한때 나는 경주 남산에 푹 빠져 이 지역을 두루 누빈 적이 있었다. 갈 때마다 느끼는 것이지만 남산은 어딜 가나 정말 아름답다는 말밖에 안 나왔다. 게다가 그 옛날 삼한일통(三韓一通)을 염원하던 김유신 장군과 화랑의 기개를 느낄 수 있어 더욱 좋았다.

남산은 그리 높지 않다. 하지만 오르는 내내 비지땀으로 범벅이 되었다. 그런데 신기하게도 힘에 겨워 땀을 흘리면 흘릴수록 몸은 더욱 개운해졌다. 올라가는 과정이 어려우면 어려울수록 더 기분은 상쾌해진다고 할까?

하여튼 힘겹게 정상에 오른 나는 눈 앞에 펼쳐진 탁 트인 경치를 한동안 말없이 즐겼다. 상쾌하고 시원했다. 문득 내 안에서 뭔가가 꿈틀거리며 비집고 나왔다. 가벼운 몸으로 일어나 산 아래를 내려다 보며, 아니 세상을 향해 힘껏 소리쳤다.

"야…… 호."

그리곤 나는 결심했다.

'세상은 넓고 나는 아직 젊다. 지금부터 차근차근 다시 준비해서 시작하자. 왜 살아야 하며, 어떻게 살 것인지, 또 어떻게 하면 성공하고 행복할 수 있는지에 대한 명쾌한 해답을 찾아 이를 널리 세상에 전파하자. 그렇다면 나처럼 왜 살아야 하며, 어떻게 살아야 하는지, 어떻게 하면 성공하고 행복할 수 있는지를 몰라 헤매는 사람이 더 이상 없을 것이다. 나아가 세상도 빛나게 바꿀 것이다.'

굳게 다짐하고 다짐하고 또 다짐했다.

삶 그리고 여행

- 다시 시작 -

겹겹이 싸인

구름 너머에도

희망의 빛은 존재한다.

다시 시작이다.

모든 사람들이 세상을 변화시키는 것을 생각한다.
하지만 그 누구도 자신을 변화시키는 것은 생각하지 않는다.

톨스토이

나는
슈퍼자기경영으로
인생을
송두리째 바꿨다

제3부

나를 빛나게 바꾸는 슈퍼자기경영

자기경영은 과학이자 명품 집짓기

인류는 그동안 이 세상에서 제일 소중한 자신의 삶을 주먹구구식으로 살아왔다. 그 누구도 예외가 아니었다. 수많은 사상가, 철학자, 종교가, 과학자들이 무수한 법칙과 이치를 논하며 다양한 사상과 철학을 제시했지만 이는 오히려 사람들의 삶을 혼란에 빠뜨렸을 뿐이다.

내가 옳으니 네가 거르니 하면서 갑론을박만 했을 뿐 일반 대중의 삶은 오히려 갈지자처럼 휘청거릴 뿐이었다. 그 어떤 사상가도 철학자도 종교가, 과학자도 그 누구도 인생 전반을 어떻게 살지에 대한 통합적이며 전체를 한눈에 파악하게 하는 해법을 제시하지 못했던 것이다.

과학자들조차도 물리 세계만 과학의 범주라고 여겼다. 하지만 이는 크게 잘못된 생각이다. 진정으로 과학이어야 하는 것은 바로 자기경영이다. 나를 진실로 제대로 경영하려면 과학적이어야 한다는 말이다. 혼란만 야기하는 사상과 철학에 휘둘리며 자신의 삶을 마치 미신 믿는 듯하며 시간을 낭비한다면 돌이킬 수 없는 나락으로 빠질 수 있다.

그렇기 때문에 진실로 과학이어야 하는 것은 바로 자기경영이다. 그런데 현대 경영학은 기업경영에도 과학을 적용하며 기업의 지속 가능

   나는 슈퍼자기경영으로 인생을 송두리째 바꿨다

한 성공의 길을 빛나게 열어주고 있다. 우리는 이러한 기업경영 이론에서 자기경영 이론의 근간을 발견할 수 있다. 왜냐하면 이제는 한 사람 한 사람이 모두 기업인이 되는 1인 기업 시대에 살고 있기 때문이다. 그렇기 때문에 기업경영 이론은 곧 자기경영 이론의 다른 말이다.

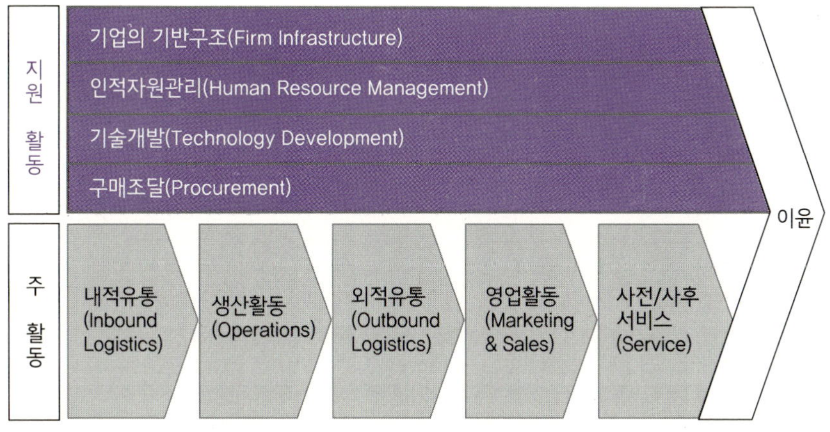

마이클 포터의 가치사슬(Value Chain) 이론

특히 하버드대학교 마이클 포터 교수의 가치사슬(Value Chain) 이론에는 매우 탁월한 경영철학이 담겨 있다. 기업경영을 지원 활동과 주 활동으로 나눴다는 점이 바로 그것이다. 이는 곧 자기경영에도 그래도 적용이 가능하다.

다른 한편으로, 인생은 집짓기와 유사하다. 집은 주춧돌, 기둥, 내부, 그리고 지붕과 외부로 구성되어 있다. 이러한 집짓기에서도 역시 인생을 발견할 수 있다. 인생에도 주춧돌이 있고, 기둥이 있는 법이다. 또한 내부, 그리고 지붕과 외부 역시 마찬가지다.

자, 그럼 이제부터 진실로 자기경영이 과학인지, 그리고 인생이 어떻게 집짓기와 유사한지를 나의 지난 만 15년의 인생 경험을 통해 알아보자. 이를 통해 누구도 예외 없이 우리 모두 인생이라는 명품 집을 빛나게 지어보자.

2,000년이 지나도 무너지지 않는
나만의 특별한 판테온을 짓다

나는 일단 다시 시작한다는 결의를 다졌지만 사실 막막했다. 자기계발서는 읽을 때는 흥미롭고 재미있었다. 하지만 막상 책장을 덮으면 어떻게 해야 하는지 감을 잡을 수가 없었다. 다만 자기계발서는 읽기가 쉬웠다. 또 하나의 장점은 독서에 자신감을 생기게 했다. 사실 나는 그전까지는 주로 전공 서적만 접해서 그런지 인문학 서적에는 문외한이었다.

자기계발서는 독서에 대한 자신감뿐만 아니라 나를 다시 세우는데도 나름대로 일조했다. 시간이 지남에 따라 시나브로 다른 분야의 책도 궁금해지기 시작했다. 그래서 어떤 책을 읽다가 관련 서적이 나오거나 하면 다시 그 책을 사서 읽기를 반복했다.

그러다가 본격적으로 경영 관련 서적을 집어 들었다. 사실 나는 어떻게 해야 사업에 성공할 수 있는지를 알고 싶었다. 사업을 중도에 그만 둔 이력을 반드시 만회해야 했었던 것이다. 이것은 곧 나의 필생의 목표가 되어 버렸다.

그런데 경영 관련 서적은 자기계발서보다는 읽기가 만만치 않았다. 우선 베스트셀러 위주로 읽어 보았다. 책을 읽으면 읽을수록 예전에 사업을 하면서 밤잠 뒤척이며 무수히 고뇌했던 부분에 대한 길잡이가 분명히 존재함을 직감했다.

'언제나 방법은 있기 마련이다.'

사업도 방법이 있는데 무작정 뛰어들었으니 성공할 수가 없었던 것이다. 그런데 실패한 경험이 한편으로는 도움이 되었다. 으레 실패를 하게 되면 사람은 그전까지는 미처 생각지도 못했던 부분을 심각하게 고민하게 된다. 결국 예전에 미처 깨닫지 못했던 해결 방안을 찾게 되는 것이다. 그래서 비록 실패할지라도 도전이 중요한 것이다. 어떠한 경우에도 실패는 단순히 실패로만 끝나지 않는 법이기 때문이다.

지방의 어느 한 대학교에서 인문학을 강의할 때, 수업 시간에 학생들에게 '현 위의 인생(Life on a string)'이라는 영화 한 편을 소개한 적이 있다. 이 영화는 사철생이라는 중국 작가의 단편소설을 첸 카이거라는 감독이 영화화 한 것이다.

줄거리는 대충 이렇다.

 나는 슈퍼자기경영으로 인생을 송두리째 바꿨다

앞을 보지 못하는 삼현금(三絃琴)을 켜는 한 노인이 있었다. 그는 또 다른 맹인 스승으로부터 삼현금의 줄 1,000개를 끊으면 눈을 뜰 수 있다는 처방전을 받는다. 그는 스승의 말을 곧이곧대로 믿고 밤이나 낮이나 멈추지 않고 줄곧 삼현금을 켠다. 무려 60년을 그렇게 오로지 한 목표를 향해 정진한다.

그러는 사이 그의 연주 실력이 신의 경지에 이르고, 사람들이 그의 연주를 듣기 위해 구름떼같이 모여든다. 그렇게 60년이 흐른 후 급기야 그는 1,000개의 현을 끊는다. 그런데 1,000개의 현을 끊고 처방전을 열어 본 순간 아무 내용도 없는 것을 확인한다. 1,000개의 현을 끊었을 때의 짧은 환희를 뒤로 하고 한동안 노인은 말을 잇지 못한다.

큰 슬픔에 잠겨 있던 노인은 얼마 후 무언가 깨달은 듯 그를 따르던 또 다른 맹인인 어린 제자에게 1,200개의 현을 끊어야 눈을 뜰 수 있다고 말한다.

이 영화에서 맹인은 어찌 보면 현 시대를 살고 있는 대다수의 사람들을 상징한다고 볼 수 있다. 산업혁명 이후 기술 공부에만 매달려 사는 현대의 사람들은 왜 살아야 하는지, 어떻게 살아야 하는지를 모르고 사는 눈 뜬 장님 신세다. 또 사람들이 성공하면 으레 행복해질 수 있을 것이라고 생각하지만 이는 착각에 불과하다. 목표를 이루었을 때 잠시 환희를 만끽하겠지만, 그것은 생각보다 짧다. 짧은 환희를 뒤로 한 채 긴 허무감이 물 밀리듯이 밀려오게 된다.

왜 노인은 제자에게 1,200개의 현을 끊어야 눈을 뜰 수 있다고 했을까?

이 영화는 우리에게 인생에 대한 깊은 메시지를 전달하고 있다. 그 메시지를 각자 생각해 볼 일이다.

그렇다. 우리네 인생이 한바탕 멋지게 즐길 수 있는 하나의 과정이 되려면 평생 이루기 힘든 큰 목표를 가져야 한다. 명확한 목표가 없으면 인생이라는 과정은 단지 먼지와 같이 흩어지고 마는 시간의 공백일 뿐이다. 1,000개의 현, 아니 1,200개의 현을 끊겠다는 명확하고 원대한 목표가 있어야 과정은 한 방향으로 가지런하게 정돈되어 성과도 내면서 이를 즐길 수 있게 된다. 나는 이 영화를 학생들에게 소개하면서 오히려 내가 더 큰 깨달음을 얻었다. 그리고 이를 교훈삼아 실제로 실천할 것을 다짐한다.

언젠가 나는 여행 에세이를 쓰기 위해 로마를 방문한 적이 있다. 그때 판테온(Pantheon)이라는 고대 로마 건축물을 구경하고 그 경이로움에 한동안 넋을 잃고 바라보았다. 이 판테온은 그리스어로 '모든'을 뜻하는 'pan'과 '신'을 뜻하는 'theon'이 합쳐진 말로서, 모든 신들을 위한 신전을 뜻한다. 기원전 27년 아그리파 집정관에 의해 처음 건축된 판테온은 로마에서 가장 오랫동안 잘 보존된 건축물이다. 무려 2,000년이나 지났는데 옛날 그 모습 그대로다.

   나는 슈퍼자기경영으로 인생을 송두리째 바꿨다

그런데 건물 중앙에는 로마자로 "M·AGRIPPA·L·F·COS·TERTIVM·FE-CIT(마르쿠스 아그리파가 세 번째 집정관 임기에 만들었다.)"라고 쓰여 있다. 바로 이 건축물을 만든 사람인 아그리파의 이름을 새겨 그의 공덕을 기리고 있는 것이다.

그때 나는 생각했다.

'바로 이거다. 나도 이런 멋진 특별한 인생의 집을 지어보자. 2,000년이 지나도 무너지지 않는 나만의 특별한 브랜드라는 집을 말이다. 비록 지금은 뜬 구름 잡는 이야기 같지만 먼 후일 분명 다른 뭔가를 보게 될 것이다.'

로마의 판테온(Pantheon)

＜1단계: 견고한 인생 주춧돌을 쌓다＞

● 사명과 비전: 나를 뛰어넘어 세상을 빛나게 바꾸길 소망하다

집을 지을 때는 주춧돌을 먼저 놓는 법이다. 주춧돌을 어디에 어떤 규모로 놓느냐에 따라 집의 용도, 규모 등 대부분이 결정된다. 그만큼 주춧돌은 완성될 집의 모든 것을 결정한다고 해도 과언이 아니다. 인생도 마찬가지다. 우선 인생이라는 집의 주춧돌을 확고하고 견고하게 놓아야 했다.

즉 사명과 비전을 새롭게 정립해야 했다. 확고한 나의 길, '나는 무엇을 위해 살 것인가'라는 질문에 대한 답인 것이다. 물론 한 번 인생의 주춧돌을 놓으면 쉽게 바꾸기가 어렵다. 그렇기 때문에 심사숙고해서 결정해야 했다.

경영학에서는 꿈을 크게 가지길 권고한다. 그래야 평생을 지치지 않고 일로매진(一路邁進) 할 수 있게 된다는 것이다. 꿈이 너무 작아 쉽게 이루어 버리고 나면 그 다음 목표가 설정되기까지 삶이 공허해질 수 있기 때문이다. 영화 '현 위의 인생'이 이를 잘 말해 주고 있다.

하지만 비전, 즉 꿈은 생각보다 쉽게 잘 생기지 않는다. 한 번은 어

떤 강연회에 갔는데 강사가 말하길 자신은 50세가 넘어서야 비로소 꿈이 생겼다고 말하며 자라는 청소년은 자기 마음대로 할 수 있도록 그냥 내버려 두는 게 좋다고 말하는 것을 들은 적이 있다. 일리가 있는 말인지도 모른다. 그렇다면 어떻게 해야 꿈을 가질 수 있을까? 그것도 생생한 꿈을 말이다.

아주 오래 전에 중국에 관광을 간 적이 있다. 그때 화상약을 연구 개발해 판매하는 회사를 방문했다. 당시 이 기업은 관광객을 대상으로 회사 제품을 소개하는 견학 프로그램을 운영하고 있었다. 이 견학 프로그램은 기업에 대한 개괄적인 소개로 시작해 특이한 시연으로 마무리된다.

그 내용은 이렇다.

한 연구원이 긴 쇠사슬을 들고 들어온다. 쇠사슬을 관광객들이 보는 앞에서 고열의 불에 달군다. 얼마 지나지 않아 쇠사슬은 금세 시뻘겋게 변한다. 잠시 후 한 연구원이 기압 소리와 함께 시뻘건 고열의 쇠사슬을 아무렇지도 않는 듯 팔뚝에 갖다 댄다. 관광객들은 너무 놀란 나머지 외마디 비명을 지른다. 그리고는 회사가 개발한 화상약으로 화상을 가볍게 치료한다.

이 기업은 왜 이런 프로그램을 운영하는 걸까? 왜 연구원을 엄청난 고통 속에 내모는 걸까? 놀랍게도 이 기업이 만든 화상약은 세계적으로도 그 효과가 유명하다고 한다.

사람은 대게 어떤 일에 도전을 하게 되면 원치 않게 실패도 하게 되고, 실패를 하게 되면 한없는 고통, 절망과 좌절을 맛본다. 그러나 이 고통, 절망과 좌절은 결코 그것 자체로만 끝나지 않는다. 오히려 그 속에서 새로운 위대한 비전, 즉 꿈의 싹이 움튼다.

마찬가지로 분명 이 회사의 연구원들도 자신이 직접 체험한 고통을 통해 자신과 비슷한 처지에 있는 사람의 고통을 이해하고, 이 고통을 해결해 주려는 가슴 뛰는 비전을 품게 되는 것이다. 이는 곧 세계 최고의 화상약이라는 아름다운 열매로 승화된 것이다. 지금 멋진 꿈이 없다고 슬퍼하지 말고 일단 뭐든지 도전해 보자. 인내로 고통을 감내하다 보면 도전은 머지않은 장래에 가슴 뛰는 비전! 즉 멋진 꿈을 보란 듯이 선물해 줄 것이다.

그런데 사람들은 꿈, 즉 명확한 비전을 가져야 한다는 것에는 대개 수긍한다. 하지만 비전만으로는 부족하다. 비전과 쌍으로 사명(Mission)이 있어야 한다. 비전이 자신이 꿈꾸던 미래라면 사명은 사회와 세상에 대해서 기여할 바를 대외적으로 선언하는 것이다. 자신이 잘되기를 바란다면 반드시 사회와 세상에도 기여를 해야 한다. 그래야 그 꿈이 실현가능해지고 더불어 지속가능해진다. 이 점을 우리는 꼭 명심할 필요가 있다.

사명에 대한 재미있는 일화가 하나 있다.

스티브 잡스는 1976년 스티브 워즈니악, 로널드 웨인과 함께 애플을 공동 창업하고, 애플Ⅱ를 개발해 개인용 컴퓨터를 대중화시킨다. 세상에 없던 새로운 디자인의 매킨토시를 선보이고, 아이패드(IPod), 아이폰(IPhone) 등과 같은 혁신적인 제품으로 애플을 세계 최고의 회사로 만든다.

스티브 잡스가 애플 설립 초기 펩시콜라 사장인 존 스컬리를 애플로 영입할 때 일이다. 대기업의 사장자리를 버리고 신생기업으로 가기를 망설이던 존 스컬리에게 스티브 잡스는 일침을 가한다.

"남은 일생 동안 설탕물이나 팔면서 살 겁니까? 아니면 나와 함께 세상을 바꾸겠습니까?(Do you want to sell sugar water for the rest of your life, or do you want to come with me and change the world?)"

그때서야 존 스컬리는 깨닫는다. 자신이 돈은 많이 벌었어도 세상의 발전에는 크게 기여를 못하는 그런 사람이라는 것을. 결국 존 스컬리는 가슴 속 깊은 곳에 뜨거운 사명감을 불어 넣은 스티브 잡스의 이 한 마디 말에 망설임 없이 애플로 이적한다.

비전은 자신을 살아 숨 쉬게 하고, 사명은 이해관계자 모두의 가슴을 영원히 식지 않게 달궈 협력을 이끌어낸다. 따라서 사명과 비전을 절대 별개로 생각지 말아야 한다. 사명과 비전은 하나다.

나도 나를 평생 뜨겁게 이끌 명확한 비전, 그리고 타인과 함께할 확고한 사명이 있어야 했다. 고심 끝에 글로 한 번 적어 보았다. 뭐든 글로 적는 게 중요하다. 보이지 않는 것을 보이게 하는 것, 사소하지만 필경 큰 차이를 만든다.

"세계 최고의 Think Tank 및 혁신적인 대학교를 만들어
사람들의 보다 나은 삶을 위해 세상을 빛나게 바꾸자."

아직 아무것도 이룬 것도 없고 단지 다시 시작일 뿐인데, 나뿐만 아니라 타인도 함께 성공하게 할 수 있다는 생각에 설레는 마음으로 잠을 이룰 수 없었다.

● 나의 신조(핵심가치): '나도 할 수 있다'는 신념으로

뜻은 세웠지만 아직도 막막했다. 문제는 행동이었다. "실행이 답이다"라고 다들 그렇게 말한다. 맞는 말이다. 그런데 비전과 사명에 대한 열정이 강하면 강할수록 실행력도 이에 따라 강해진다. 실행이 제대로 안 된다는 것은 비전과 사명에 대한 열정이 부족한 것이다.

물론 실행에도 방법은 있기 마련이다. 위인들은 어떻게 실행했는지 알고 싶었다. 그래서 다양한 위인전을 다시 읽었다. 초등학교 시절에 위인전을 접할 때와는 상황이 달랐다. 초등학교 어린 학생이 무슨 생각이 있었겠는가? 하지만 한 번 실패의 쓰라림을 맛 본 나는 내로라하는 위인들은 어떻게 살았는지, 어떻게 위기를 극복했는지 등등 모든 것이 새롭게 다가왔다.

위인들은 대개 자신만의 특별한 신조, 행동 강령, 규범 등이 있었다.

조선시대로 거슬러 올라가면 이이 율곡 선생이 대표적이다. 선생은 20세에 금강산에서 하산한 후 자신을 평생 채찍질할 짧은 글을 쓴다. 바로 「자경문(自警文)」이다. 선생은 이 글을 통해 평생의 업을 '성인(聖人)'이 되는 것으로 규정하고, 이를 위해 실행을 게을리 하지 않을 것을 굳게 다짐한다. 그로부터 10여 년이 흐른 후 아홉 번 장원 급제하며 구

도장원공(九度壯元公)이라는 별칭을 얻게 된다.

그 내용을 간단히 정리하면 아래와 같다.

첫째, 뜻을 크게 세워 성인의 경지에 도달할 때까지 끊임없는 노력한다.

둘째, 마음을 안정시켜 쓸데없는 말과 행동을 삼간다.

셋째, 마음의 중심을 항상 잡는다.

넷째, 혼자 있을 때 더욱 조심한다.

다섯째, 실천이 없는 학문은 무용한 것이다.

여섯째, 물욕과 영예에 마음을 두지 않는다.

일곱째, 하고자 하는 일에 성의를 다한다.

여덟째, 천하를 위한다 해도 죄가 없는 자를 한 사람이라도 상하지 않게 한다.

아홉째, 아무리 난폭한 사람이라도 감화시켜 이끈다.

열째, 게으름과 수면을 탐내지 않는다.

열한째, 수양과 공부는 초조해하지도 풀어지지도 말고 끈기 있게 한다.

이이 율곡 선생의 신조는 고전적이라서 지금의 실정과는 다소 맞지 않을지도 모른다. 반면 현 시대의 실정에 잘 맞게 다듬어진 글이 하나 있다. 바로 웅진 그룹 윤석금 회장이 매일 아침에 외운다는 '성공하는 사람들이 외우는 주문'이다.

그 내용은 아래와 같다.

나는 나의 능력을 믿으며 어떠한 어려움이나 고난도 이겨낼 것이다.

나는 자랑스러운 나를 만들 것이며 항상 배우는 사람으로서 더 큰 사람이 될 것이다.

나는 늘 시작하는 사람으로서 새롭게 일할 것이며 어떤 일도 포기하지 않고 끝까지 성공시킬 것이다.

나는 항상 의욕이 넘치는 사람으로서 행동과 언어, 그리고 표정을 밝게 할 것이다.

나는 긍정적인 사람으로서 마음이 병들지 않도록 할 것이며 남을 미워하거나 시기, 질투하지 않을 것이다.

나는 내 나이가 몇 살이든 스무 살의 젊음을 유지할 것이며 한 가지 분야에서 전문가가 되어 나라에 보탬이 될 것이다.

나는 다른 사람의 입장에서 생각하고 나를 아는 모든 사람들을 사랑할 것이다.

나는 나의 신조를 매일 반복하며 실천할 것이다.

나는 이 글을 매우 좋아한다. 그분이 어떤 길을 걸었고 또 어떤 길을 걷고 있는지와는 무관하게 글 자체가 주는 힘이 너무 밝고 긍정적이라서 그렇다. 이런 정신으로 산다면 그 어떤 사람도 누구나 위대한 사람이 될 수 있을 것 같았다. 덩달아 나도 그렇게 될 것 같았다.

그래서 나도 이 글을 참고해서 나의 버전으로 조금 다듬어서 어디
든 붙여 두었다.

나는 나의 능력을 믿으며 어떠한 고난도 굳건히 이겨내 성장의 발판으로 삼
는다.

나는 빛나는 나를 만들기 위해 최선을 다하며, 어떤 일도 포기하지 않고 끝
까지 성공시킨다.

나는 긍정적인 사람으로서 정신적, 육체적으로 항상 정갈히 하며, 남을 미워
하거나 시기, 질투하지 않는다.

나는 항상 스물여덟 살의 젊음을 유지할 것이며 전문분야에서 세계 최고가 되
어 세상의 발전에 보탬이 된다.

나는 다른 사람의 입장에서 생각하고 나를 아는 모든 사람들을 사랑한다.

나는 나의 이러한 신조를 매일 반복하며 실천한다.

'정말 나는 이대로 살 것이다. 내가 쓴 신조가 바로 나다.'

이제 주춧돌은 놓았다. 시작이 반이라고 하는데, 그래 반은 했다. 갈
길이 구만리 같지만 마음만은 한결 가벼웠다.

● 전략: 때에 따라 바뀌는 상황에 선제적으로 대응하다

거북이와 토끼 이야기를 모르는 사람은 없을 것이다. 첫 번째 경기에서 교만한 마음에 토끼가 낮잠을 자며 거북이에게 진다. 이에 다시 분발한 토끼는 두 번째 경기에서는 거북이를 가뿐하게 제치며 이기게 된다.

여기까지는 다 아는 이야기다. 그런데 이 이야기는 한 발 더 나아간다. 거북이와 토끼는 삼세판 마지막 경기로 최종 승부를 결정짓기로 하고 대결을 한다.

누가 이겼을까?

정답은 '거북이.'

그렇다면 도대체 거북이는 어떻게 이길 수 있었을까요?

대결 종목이 수영이었던 것이다. 거북이는 절대 육지에서 대결하기를 원치 않았다. 거북이는 육지 전문가가 아니었던 것이다. 거북이는 바다가 삶의 터전이고 바다를 누구보다 잘 안다. 또 헤엄도 잘 친다. 당연히 거북이는 바다에서 수영으로 내기를 했던 것이다. 거북이의 이

러한 전략은 먹혀 들어가 이길 수밖에 없었던 것이다.

무슨 일이든 전략이 있어야 한다. 무턱대고 한다고 되는 것이 아니다. 전략은 경영학에서 자주 등장하는 용어다. 특히 전략적 사고를 중요시 한다. 전략적으로 사고한다는 것은 알파고처럼 판 전체를 꿰지는 못하더라도 최소한 전후좌우 정도는 살펴야 한다는 것을 의미한다.

특히 근래 블루오션(Blue Ocean) 전략이 각광을 받고 있다. 블루오션 전략은 세계 탑 비즈니스 스쿨인 프랑스 유럽경영대학원 인시아드(Insead Business School)의 김위찬 교수와 르네 모보르뉴(Renee Mauborgne) 교수가 개발한 기업 경영전략 이론이다.

과도한 경쟁으로 붉게 물든 레드오션(Red Ocean)이 아닌 경쟁이 전혀 없는 블루오션을 창출할 수 있는 전략을 수립 시행해야 지속 가능한 경쟁우위를 확보할 수 있다는 정도로만 이해하면 되겠다.

이러한 블루오션 전략은 인생에도 그대로 적용 가능하다. 현 상황에서 무엇을 창조하고 제거할지, 또 무엇을 증가시키고 감소시킬지에 대한 고민은 시시각각 상황에 따라 능동적으로 선제적으로 이뤄져야 한다. 이러한 전략은 계획을 수립해 시행하는 내내 묻고 따져야 한다. 왜냐하면 상황이란 언제든지 변할 수 있기 때문이다. 변하는 상황을 예

　　　　나는 슈퍼자기경영으로 인생을 송두리째 바꿨다

의주시하며 능동적으로 선제적으로 수정 보완해 나가야 한다. 그렇지 않으면 배가 산으로 가서 원하는 결과를 얻을 수 없게 된다.

　나도 나라는 인생의 집을 지을 때 무엇을 창조하고 제거할지, 또 무엇을 증가시키고 감소시킬지를 항상 염두에 두고 꿈을 실현시켜 나갔다. 태풍이 오고 쓰나미가 밀려오는데 그런 곳에서 한가로이 집을 지을 수는 없지 않는가? 그렇다면 그동안 애썼던 모든 노력이 물거품이 되고 만다.

　그건 내가 원하는 바가 아니었다. 나는 항상 깨어 있어야 했고, 늘 깨어 있으려 노력했다. 지금도 마찬가지다.

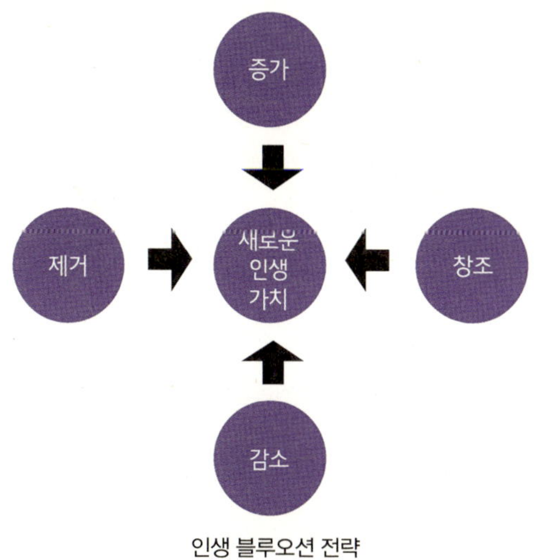

인생 블루오션 전략

【1단계 정리】지금까지 한 저의 활동을 정리하면, 1단계로 먼저 사명
과 비전을 새롭게 정립하고, 나의 신조를 확고히 세우는 등 인생의 주
춧돌을 견고히 쌓았습니다. 물론 매 순간 전략적 사고를 통해 상황의
변화를 예의주시하며 실행전략을 수정해 나가기도 했습니다.

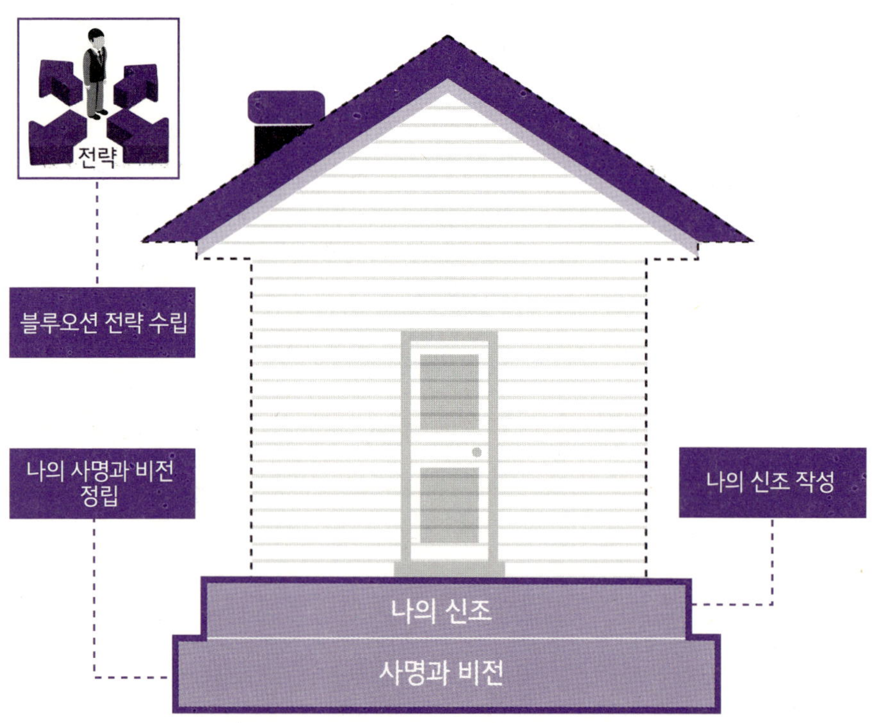

나는 슈퍼자기경영으로 인생을 송두리째 바꿨다

〈2단계: 흔들리지 않는 삶의 기둥을 세우다〉

주춧돌은 놓았으니, 이제 기둥을 세워야 했다. 기둥을 세우는 일은 사실 하루아침에 이뤄지지 않는다. 설령 그것이 가능하다고 하더라도 몇 시간이 채 지나지 않아서 지진이 난 것처럼 심하게 흔들리며 무너지고 만다. 그냥 즐기면서 평생 튼튼히 하는 수밖에 없다. 고대 그리스, 로마의 유적들을 보라. 수천 년이 지나도 흔들리지 않는 거대한 대리석으로 만든 기둥들이 얼마나 아름답고 늠름하게 집을 떠받치고 있는지를.

● 건강: 먼저 몸과 마음을 흔들리지 않게 튼튼히 하다

뭐니 뭐니 해도 건강이 최고다. 다들 그렇게 생각할 것이다. 건강이 흔들리면 모든 것이 무너져 내리고 만다. 한때 유명인들이 건강을 잃으면서 한 순간에 무너지는 것을 우리는 무수히 보아왔다. 특히 빌 게이츠의 친구이자 경쟁자였던 스티브 잡스의 삶 속에서 우리는 이를 극명히 알 수 있다.

애플의 창업주 스티브 잡스는 1955년 미국 캘리포니아 주 샌프란시스코에서 미혼모의 아들로 태어나 폴 잡스 부부에게 입양됐다. 대학 입학 후 6개월 만에 중퇴하고 1976년 컴퓨터 천재인 스티브 워즈니악과 함께 차고에서 애플을 창업해 개인용 PC인 애플Ⅱ와 같은 혁신적인 제품을 내놓으며 일약 백만장자가 된다.

1985년 자신이 창업한 애플에서 쫓겨나는 아픔을 겪었으나, 이에 굴하지 않고 컴퓨터 개발사 넥스트와 컴퓨터그래픽 영화사 픽사를 설립해 성공한다. 이후 경영난을 겪고 있는 애플로 복귀해 아이맥, 아이팟, 아이폰, 아이패드 등을 잇달아 성공시키면서 포스트 PC시대를 주도해 세상을 바꾼다. 하지만 전 세계 IT업계에 혁신의 숨결을 불어넣은 그의 이러한 성공도 끝내 병마를 이겨내지 못하고 쓸쓸히 역사 속으로 사라지고 말았다.

미혼모의 아들 그리고 입양, 대학 중퇴 후 애플 창업, 세계 최초 개인용 컴퓨터 개발, 자신이 창업한 회사로부터의 축출과 복귀, 아이폰, 아이패드 등 혁신적인 제품 출시와 재기, 암으로 인한 죽음이라는 드라마보다 더 극적인 삶을 산 우리 시대의 슬픈 영웅 스티브 잡스. 그가 조금만 더 건강하게 오래 살았다면 인류의 IT 역사는 새로 써졌을지도 모른다.

건강이란 자고로 젊을 때는 다시 회복할 가능성이 높지만 나이 들어서는 그것도 여의치 않다. 한 번 잃어버린 건강은 회생불능에 빠뜨리기도 한다. 진실로 건강은 건강할 때 지켜야 한다. 물론 건강에는 육

                    나는 슈퍼자기경영으로 인생을 송두리째 바꿨다

체적 건강도 있고, 정신적 건강도 있다. 둘 다 온전해야 건강하다고 할 수 있다. 왜냐하면 정신과 육체는 사실 분리가 어렵고, 서로 상호 불가분의 관계를 가지고 있기 때문이다. 몸과 마음이 건강하면 자연스럽게 자신감이 생긴다. 살다보면 실감한다. 특히 몸이 허약하면 마음도 허약해진다는 것을.

모교인 포스텍에 가면 학교의 상징이 된 수령이 400~500년 정도로 추정되는 소나무가 있다. 수백 년의 세월동안 모진 풍파를 의연히 이겨내며 한 치의 흔들림도 없이 한결같이 그 자리를 지키고 있는 포스텍 소나무. 나는 이곳을 지날 때마다 그 멋진 모습에 감탄하며 넋을 잃곤 했다. 그러는 사이 소나무는 나의 롤 모델이 되어 있었다. 한겨울 두껍게 덮인 눈보라에도 아랑곳하지 않고 수백 년을 흔들림 없이 굳건히 그 자리를 지키고 있는 포스텍 소나무, 나도 그 소나무처럼 살고 싶었다.

포스텍에는 상징이 하나 더 있다. 바로 78계단이다. 이 78계단은 전체 계단 수가 78개여서 붙여진 이름이다. 이는 7전 8기를 상징한다. 일곱 번 쓰러져도 여덟 번 일어나 반드시 원하는 바를 성취하라는 뜻으로 개교 초부터 만들어진 것이다. 소나무와 78계단이 상징하는 불굴의 정신을 내 몸과 마음 깊은 곳에 체화시켜야 했다.

어느 한 겨울 포스텍 소나무 앞에서(좌), 포스텍 78계단(우)

먼저 몸을 튼튼히 하기 위해 근력을 길러야 했다. 그래서 나는 피트니스를 시작했다. 어깨, 복근, 다리 등 주요 부위의 근력을 기르고 싶었다.

어린 시절부터 대학교에 이르기까지 오로지 공부만 하다가 통 운동에 신경을 쓰지 못했다. 지적 역량은 커진 반면 체력은 점점 약해지면서 자신감은 계속 떨어지고 있었다. 사실 지적 역량이라는 것도 기껏해봐야 IT기술 정도, 별로 내세울 것도 없었다.

저녁 시간 도서관에서 독서를 하거나 공부를 한 후에는 항상 피트니스 센터에 들러 땀을 흘리며 운동을 했다. 그러는 사이 차츰 자신감이 붙었다. 우선 복근이 탄탄해지면서 뱃심이 생겼다. 다리도 튼튼해

지니 언제나 활기차고 씩씩했다. 더러는 덜렁거린다고 말하지만 나는 온몸에 힘이 넘치는 것이 무척 좋았다. 역시 남자는 복근과 하체가 튼튼해야 한다.

운동을 하는 시간은 언제나 즐거웠다. 그런데 시간이 지나면서 점점 도가 지나쳐 선을 넘게 되었다. 벤치 프레스를 무려 180kg이나 들고서 운동을 하는 통에 온몸에 무리가 왔다. 또 운동을 한 후에는 어김없이 밤늦게 라면을 먹곤 했다. 결국 지나친 운동은 독이 되어 돌아왔다. 활성 산소와 콜레스테롤이 증가하면서 젊음은커녕 오히려 늙어 버린 것이다.

그래서 건강 증진을 위한 전략을 좀 수정했다. 피트니스 같은 무산도 운동은 조금 줄이고, 대신 조깅, 수영, 등산, 마라톤 등 유산도 운동을 늘렸다. 그 결과 비록 근력은 좀 약해졌지만 오히려 몸은 훨씬 더 탄탄해지며 젊고 건강해졌다.

실제로 나는 마라톤 완주에도 도전을 했다. 처음에는 그저 저녁 무렵 동네 주위를 몇 바퀴 돌곤 하는 정도였다. 그동안 하지 않던 습관이라는 관성을 깨야 하는 일이라서 이것도 생각보다 쉽지는 않았다. 하여튼 난 천천히 근력과 지구력을 키워나갔다. 때마침 경주에서는 매년 벚꽃이 필 무렵 마라톤 대회를 개최했다. 먼저 하프에 도전했다. 하프

는 생각보다 쉬웠다. 뛰어보면 안다. 하프는 그렇게 어렵지 않다. 문
제는 풀코스다.

포스플렉스와 경주벚꽃마라톤대회 완주 메달

물론 나의 목표도 풀코스를 완주하는 것이었다. 나아가 철인 3종 경
기에도 도전해보는 것이었다. 그래서 이듬해에 바로 마라톤 풀코스에
도전했다. 그런데 풀코스는 정말 쉬운 일이 아니었다. 뛰어본 사람만
이 안다. 산술적으로 하프의 두 배 거리라고 생각하면 오산이다. 철저
히 준비하지 않고 도전하면 낭패를 보기 십상이다. 내 경우가 그렇다.
하프까지는 정말 무난히 뛸 수 있다. 그런데 30㎞ 지점을 지나면 몸
이 말을 안 듣는다. 다리가 내 다리가 아니게 된다. 35㎞를 지나면 몸
이 천근만근이고 속도 울렁거리게 된다. 다행히 나에겐 그날 바로 옆
에 동지가 있었다. 멀리 외국에서 오신 할아버지가 나와 함께 같이 뛰
었다. 서로 안 통하는 대화를 하면서 근근이 완주를 할 수 있었다. 그

  나는 슈퍼자기경영으로 인생을 송두리째 바꿨다

래도 뿌듯했다.

내 생애 첫 마라톤 완주라서 더 그랬다. 35㎞를 지나면서부터는 매 순간 포기하고 싶은 마음이 스멀스멀 덮쳐 왔지만 그런 것은 아예 머릿속에서 지워버린 지 오래였다. 결국 난 완주에 성공했고, 아무리 어려운 순간이 오더라도 결코 포기하지 않는 습관을 길러 나갔다.

나는 운동만 한 것은 아니었다. 육체 건강뿐만 아니라 정신 건강을 위해서 명상과 기도도 꾸준히 했다. 마음을 평온히 하는 데는 명상만 한 것이 없다. 물론 기도도 많은 도움이 된다. 사람들은 흔히 육체를 깨끗이 하기 위해 목욕을 한다. 또 육체는 눈에 보이기 때문에 깨끗이 해야 하는 것을 당연하게 생각한다. 그래서 아침에 일어나면 세수를 하고 때가 되면 목욕을 하면서 육체를 정갈히 한다.

그렇다면 정신은 어떤가?

정신은 눈에 보이지 않는다. 하지만 토론을 하거나 대화를 하면 그제야 알게 된다. 그 사람의 정신 상태가 어떤지를. 육체에만 때가 묻는 것이 아니고 정신에도 때가 있다. 육체의 때를 벗기기 위해서 목욕을 하듯 정신의 때를 벗기기 위해서도 뭔가를 해야 한다. 바로 명상과 기도다. 이 명상과 기도는 정신의 때만 벗겨내는 것이 아니다. 정신을 더욱 굳건하게 하고 하나로 통일시켜 준다. 이른바 일심(一心)의 경지에 이르게 한다. 일심의 경지는 곧 성과로 나타나게 된다.

그래서 나는 항상 무언가를 하기 전에 명확한 목표와 계획을 글로 써서 조용한 장소에 가서 기도를 하곤 했다. 이는 정신을 하나로 통일해 목표한 바에 매진하기 위한 나와의 맹세였다.

특히 마침 신라의 천년 수도 경주가 근처에 있었고, 김유신 장군이 직계 조상인 관계로 주로 김유신 장군 영정이 모셔져 있는 통일전이나 김유신 장군묘에 가서 짧게 기도를 하며 의기를 다지곤 했다. 조상은 언제나 나의 든든한 후원자였다.

● 자산: 투잡을 하면서 가슴이 시키는 일을 준비하다

또 다른 한편으로는 자산 관리에 대해 신경을 썼다. 우리는 자본주의 사회에 살고 있다. 돈이 없으면 굶어 죽을 수밖에 없다. 2003년 4월 사내벤처를 정리하고 나서 한동안 책만 읽으며 무일푼으로 지냈다. 그때 절실히 뼈저리게 느끼고 깨달았다. 사업 준비는 직장을 다니면서 얼마든지 할 수 있다는 것을. 직장 생활을 하면서 종잣돈도 모으고 철저히 준비한 후에 본격적으로 사업을 시작해도 충분하다는 것을.

자본주의 세상을 살고 있는 우리는 체제가 바뀌지 않는 한 반드시 돈에 대한 확고한 철학과 개념을 가지고 있어야 하고, 자산 증식 방법에 대한 나름대로의 기술도 터득해야 한다. 제로 금리 시대에 월급만으로는 삶을 꾸려가기도, 부자가 되기도 어려운 것이 현실이다.

일찌감치 이러한 자산에 대한 중요성을 인식해 남보다 한발 빠른 선택으로 경제적 자유를 얻어 원하는 삶을 사는 사람도 많다. 특히 짐 로저스(Jim Rogers)가 바로 그러한 인물이다. 짐 로저스는 '월스트리트의 전설', '국제 금융시장의 인디애나 존스' 등으로 불린다. 그는 1969년 27세의 나이로 조지 소로스와 함께 글로벌 투자회사인 퀀텀펀드를 설립, 10년간 4,200%라는 경이적인 수익률을 기록하며 월 스트리트의 전설이 된다.

그는 37세로 나이로 돌연 은퇴를 선언한 후 젊은 날의 경제적 자유를 바탕으로 달랑 오토바이 한 대만 끌고 평생의 꿈이었던 세계 일주 여행에 나선다. 5개 대륙, 50여 개 나라, 16만㎞를 횡단하며 기네스북에도 이름을 올린다. 단순히 여행만 하는 것이 아니라 세계 각국의 증권시장을 돌아다니면서 얻은 자료와 지식을 토대로 책을 저술할 뿐만 아니라 강연도 꾸준히 하고 있다. 이처럼 경제적 자유를 얻은 그는 원하는 삶을 살고 있는 것이다.

돈은 인체로 치면 피와 같다. 피가 돌지 않으면 한순간에 끝장나고 만다. 그렇다고 돈을 인생의 목적으로는 두지 말자. 돈이 인생의 목적이 되는 순간, 사람은 치졸해지고 비열해질 수 있다. 이상하게 그렇게 되고 만다. 주변을 살펴보면 이를 잘 알 수 있다.

하지만 분명 돈, 자산은 인생의 중요한 기둥임에는 틀림없다. 일명, 수명과 복록이라고 한다. 명은 긴데, 돈이 없다. 늘 배고프고 춥다. 돈은 많은데, 건강이 좋지 못하다. 그렇다면 인생은 그저 슬픔이 되고 만다. 따라서 건강과 자산은 절대 별개로 보면 안 된다. 인생의 양대 기둥으로서 항상 이를 어떻게 튼튼히 해 나갈 것인지를 염두에 두고 있어야 한다.

그런 측면에서 어떻게 자산을 관리할지, 어떻게 이를 불려 나갈지에 대한 명확한 방법을 터득해야 했다. 그래서 한 때 난 직장 생활을 하면서 경희사이버대학교 자산관리학과에 등록해 자산 관리에 대해 공부를 한 적이 있다. 처음에는 의욕 있게 시작했다. 하지만 여러 가지 여건이 맞지 않아 나중에 좀 흐지부지되었다. 지금 생각하면 왜 그때 잘 마무리를 못 지었을까 하는 마음에 좀 아쉬움이 남는다.

대신 나는 다시 취직한 후부터는 특별한 경우가 아닌 한 계속 투잡을 했다. 낮에는 회사 생활을 하고, 밤에는 포스텍 도서관에서 살았다. 올해로 무려 만 15년을 그렇게 해오고 있다.

그 사이 많은 우여곡절이 있었다. 이를 다 일일이 이야기 할 수는 없지만 결코 쉽지 않은 시간이었다.

사업 준비에 열중하면서 회사 생활을 통해 성공하고자 하는 마음이 별로 없던 나는 어느 순간 계약직이 편해 계약직을 전전하게 되었다. 하지만 현실은 냉혹했다. 계약이 종료된 후에는 실업급여를 받으며 근근이 생활하기도 했다.

그렇다고 나는 포기하지 않았다. 아니, 나는 포기할 수 없었다. 끌어내리려는 힘이 강하면 강할수록 나는 오히려 더 분발하며 앞으로 치고 나갔다.

● 독서: 천 권 이상의 독서가 뿜어내는 강력한 힘

오프라 윈프리(Oprah Winfrey)를 모르는 사람은 없을 것이다. 그녀는 탁월한 입담, 넘치는 쇼맨십으로 미국에서 가장 유명한 쇼를 진행하는 미국 토크 쇼의 여왕이다. 또한 미국의 상위 자선자들 중 첫 번째 아프리카계 미국인이며 세계에서 가장 영향력 있는 여성으로도 꼽힌다. 하지만 이런 그녀도 18세 흑인 미혼모의 딸로 태어나 10대에 성폭행을 당하고 20대에 마약에 빠지는 등 이루 말로 다할 수 없는 기구한 운명의 청소년기를 보냈다.

인생의 낙오자로 전락할뻔한 그녀가 고난을 극복하고 성공한 흑인 여성의 대명사가 될 수 있었던 비결은 무엇일까?

오프라 윈프리는 어린 시절 어려움 속에서도 일주일에 책 한 권씩은 꼭 읽었다고 한다. 그녀 스스로 '독서가 내 인생을 바꿨습니다'라고 말할 정도로 어린 시절의 방대한 독서가 지금의 오프라 윈프리를 만든 것이다. 그녀는 "독서를 통해 얻을 수 있는 최고의 가치는 타인을 이해하는 마음을 갖는 것입니다"라고 말한다. 즉 그녀는 독서를 통해 자신의 상처를 치유했고 자신의 상처와 고통의 경험을 통해 다른 이의 아픔을 감쌀 줄 아는 사람이 되었던 것이다.

방대한 독서 덕분에 따뜻한 마음과 재치 있는 언변을 소유해 새로운 인생을 개척할 수 있었던 그녀는 '오프라의 북클럽'을 운영하면서 매달 시청자를 위한 책을 선정했는데, 소개되는 책마다 베스트셀러가 되면서 '오프라 현상'이라는 말까지 생겼다.

오프라 윈프리만 그런 것이 아니다. 대학 중퇴인 빌게이츠를 오늘날과 같이 만든 것도 어린 시절의 방대한 독서에 있었다. 소프트뱅크의 손정의 회장을 만든 것도 병상에서 3년간 읽은 3,000~4,000권의 독서였다. 이이 선생을 위대한 성인으로 만든 것도 부모님 삼년상을 치르면서 읽은 방대한 독서가 한몫을 했다. 다산 정약용 선생이 18년간

500여 권의 책을 저술할 수 있었던 힘도 독서였다.

이처럼 독서는 사람의 아픔도 치유하고, 인생도 바꾸는 위대한 힘
이 있다. 새로운 인생, 지속 가능한 성공을 원한다면 책을 가까이 하
는 것을 잊지 말아야 한다. 나도 그래야 했다. 그것도 아주 치열하게.

그 사이 새롭게 개관한 포스텍 청암학술정보관(현 박태준학술정보관)
은 책을 읽고 공부하기에 너무 좋았다. 나는 회사를 다니면서 항상 저
녁 시간을 기다렸다. 저녁에 책 읽는 시간이 그렇게 좋을 수가 없었
다. 도서관에서는 그 누구의 방해도 받지 않아 나만의 시간을 가질 수
있었기 때문이었다. 오롯이 책과 공부에만 집중할 수 있는 시간은 행
복 그 자체였다.

포스텍 도서관과 나의 서재

사실 오랫동안 나는 암기식 교육에 길들여져 있어서 교과과정에서 가르치는 내용 외에는 다른 책을 접할 생각도 기회도 없었다. 스스로 생각할 수 있는 시간을 박탈당했다고 할까? 학교에서 알려주는 지식이 모든 것인 양, 그것이 정답인 양 살아왔기에 다른 생각을 접하고 질문하고 토론하는 것에 익숙하지 않았다.

스스로 생각하는 힘을 길러야 했다. 앞서서도 이야기했지만 나는 먼저 자기계발서를 읽었다. 다른 사람은 어떻게 삶을 대했는지, 그들은 어떻게 위기를 극복했는지를 알고 싶었다. 또한 동서고금의 위인들은 어떻게 살아왔는지도 궁금했다.

어느 정도 책을 읽으면서 조금씩 독서에 자신감이 생겼다. 사실 처음에는 한 장 넘기기도 힘들었다. 책을 이리 뒤적거리고 저리 뒤적거리며 몇 장 읽다가 다시 앞으로 가서 읽기를 반복했다. 도무지 진도가 나가질 않았다. 책을 읽는 방법을 몰랐던 것이다. 전공서적을 읽는 것처럼 한 자 한 자 읽으니 책 읽는 것이 여간 곤혹스럽지 않았다.

그래도 포기란 없는 법이다. 처음에는 책 한 권 읽는데 무려 한 달씩이나 걸렸다. 하지만 책을 읽는 것에도 관성이 생기며 차츰 가속도가 붙었다. 한 자 한 자 글자를 다 읽는 것이 아니라 서서히 통으로 글을 읽게 되었다. 그 옛날 위인들도 대개 글을 통으로 읽었다고 한다. 이이

    나는 슈퍼자기경영으로 인생을 송두리째 바꿨다

와 성혼 선생은 서로 누가 더 많이 통으로 읽는지 자랑도 했으니 말이다. 통으로 읽으면 세세한 것은 몰라도 저자가 핵심적으로 전달하고자 하는 메시지를 짧은 시간에 파악하는 데 큰 도움이 된다.

우선 책은 제목과 저자 소개를 보면 대충 어떤 책인지 파악이 된다. 다음 목차를 쭉 훑는다. 책 쓰기도 목차 쓰는 게 절반이듯이 책은 목차만 보면 대충 어떤 내용인지 윤곽이 나온다. 처음부터 끝까지 정독해야 할 책이 있고, 읽고 싶은 부분만 취사선택해서 읽어야 하는 책도 있다. 모든 것을 한 자 한 자 다 읽는 것은 어찌 보면 무모하다. 경우에 따라서는 궁금한 부분을 선별해서 읽는 지혜도 필요하다.

그렇게 독서에 탄력이 붙으면서 닥치는 대로 책을 읽었다. 손에 잡히는 것은 뭐든 읽을 기세였다. 얕지만 넓은 지식이 우선 필요했는지도 모른다. 양으로 승부를 건 것이다. 그러한 얕고 넓은 지식은 세상을 좀 더 폭넓게 보는 안목을 키워주는 데 한몫했다. 인생은 어떻게 살아야 하며 세상은 어떻게 돌아가는지 등등이 어렴풋하게나마 손에 잡히는 듯 했다.

자기계발서로 시작한 독서는 서서히 그 영역을 넓혀 나갔다. 철학, 역사, 문학, 종교 등 인문학 서적을 줄줄이 읽었다. 삶에 대한 철학이 굳건하지 않으면 언제든 삶은 흔들릴 수 있었다. 그런 면에서 철학 서적을 읽은 것은 매우 당연했다.

그런데 나는 이상하게 서양철학보다는 동양철학이 더 구미가 당겼다. 서양철학은 뭐랄까 너무 지엽적인 느낌이 들었다. 반면 동양철학으로부터는 우주와 세상 그리고 인생을 관조하고 통찰하는 거대한 힘이 뿜어져 나오는 것을 느꼈다. 세상과 삶 전체를 조망하길 원했던 나는 당연히 동양철학이 서양철학보다 좀 더 흥미롭게 다가왔다. 그렇다고 서양철학을 놓치지는 않았다. 융합과 통섭의 시대에 한쪽의 지식에 대한 편중은 매우 위험하다. 자기 것만 좋다는 생각은 그다지 좋지 못한 생각이다.

세상은 항상 양면이 존재한다. 동양이 있으면 서양이 있고, 여자가 있으면 남자가 있다. 과정과 결과, 지식과 지혜, 채찍과 당근. 모든 것에는 존재의 이유가 있다. 서로 장단점이 존재하며 상호보완적인 것이다. 그래서 나는 세세하게 세상을 분석하는 서양철학도 함께 읽었다.

인문학 서적을 통해 얕고 넓은 지식을 섭렵한 나는 자연스럽게 경영, 경제 서적으로 넘어갔다. 사업 실패 경험을 만회해야 했던 나에게는 당연한 수순이었다. 그 옛날 무모함을 치밀함으로 바꿔야 했다. 내 인생에 있어서 두 번 실수는 없어야 했다. 나를 차별화하고 사업 전체를 관통하는 통찰력을 길러야 했다. 기회는 준비된 자에게만 오는 축복이다. 하지만 준비가 되지 않은 자에게는 재앙일 뿐이다.

철저히 준비하기 위해 경영, 경제 서적을 집중해서 읽었다. 차근차

근 스스로에게 질문하고 스스로 토론하며 한 자 한 자 읽었다. 경영 일
반으로부터 시작해 전략 쪽으로 읽다가 다시 재무, 마케팅 등 전반적
인 분야를 모두 읽었다.

특히 나는 경영학 전문가 중에서 마이클 포터, 톰 피터스, 그리고 짐
콜린스 책을 좋아했다. 하버드 대학교 마이클 포터 교수는 경영의 세
계를 몇 가지 모델로 누구나 알기 쉽게 설명을 해주는 면에서 매우 탁
월했다. 톰 피터스의 경우에는 하드웨어 등 보이는 자산을 중시하던
기존 경영학에 가치, 철학, 비전, 사람 등 보이지 않는 자산의 중요성
을 각인시키며 경영 이론을 혁신적으로 전환시킨 면에서 지대한 공헌
을 했다. 나아가 짐 콜린스는 좋은 기업에서 위대한 기업이 될 수 있는
길을 제시함으로써 경영학을 한층 업그레이드했다.

그렇게 책 읽기에 집중하는 사이에 어느 듯 천 권 이상의 책을 읽
게 되었다. 그 사이 세상을 보는 안목과 통찰력은 그 깊이를 더해 갔
고, 삶의 중심이 확고히 잡히게 되었다. 독서를 통해 중심이 잡힌 삶
은 보이지 않는 거대한 힘을 뿜어내며 꿈과 비전의 달성을 몰라보게
앞당기고 있었다.

● **인맥: 신문기자 등 다양한 루트를 통해 인맥을 넓히다**

운칠기삼(運七技三)이라는 말이 있다. 사람이 성공하는 데 있어 운이 7할을 차지하고, 능력이 3할을 차지한다는 뜻이다. 그런데 과거 나는 교만한 마음에 내 능력만 믿고 산 적이 있었다. 능력만 있으면 언제든지 직장도 구할 수 있고, 성공도 할 수 있을 것이라고 생각했다. 하지만 세상은 절대 그렇게 호락호락하지 않았다.

극히 희소한 능력을 가지고 있지 않은 한 대부분의 일이 다른 사람으로 대체가 가능하다. 그렇기 때문에 회사에서는 인성 등 다른 요인을 더 많이 보게 된다. 능력은 거기서 거기까지가 대부분이다. 오히려 능력이 출중하면 자신이 다른 사람을 업신여기거나 혹은 그 반대로 심한 견제를 당해 도리어 성공과는 멀어질 수도 있는 게 세상살이다. 어느 경우든 능력이란 성공의 필요조건이지 충분조건은 되지 못한다. 그야말로 능력은 성공에 있어 3할 정도를 차지하는 셈이다.

나머지 7할은 운이 작용하게 되는데, 사람들은 그 운은 바로 인맥이나 인간관계에서 나온다고 말한다. 그만큼 인맥이나 인간관계가 중요하다는 말이다. 요즘 세상에 혼자서 할 수 있는 일은 별로 없다. 더 큰일을 하고자 하는 사람은 특히 인맥관리와 인간관계에 신경을 써야 한다.

혼자서 골방에 앉아 글이나 쓰거나 아니면 아예 속세를 떠난다면 사람 사이의 관계를 크게 신경을 안 써도 되지만, 다른 경우는 언제나 사람과의 관계를 떠나서 이루어질 수 없다. 그럼에도 불구하고 나는 중·고교 시절에는 입시공부, 대학교에서는 전공공부에만 매달려 온 터라 인맥이나 인간관계의 중요성에 대한 인식이 별로 없었다.

내가 인맥의 중요성을 뼈저리게 느낀 때가 있었다. 낮에는 일하고, 밤에는 도서관에서 살다시피 하다가 책을 쓰기 위해 직장을 자의반 타의반으로 나온 적이 있었다. 그때는 정말 너무 책을 쓰고 싶었다. 한동안 도서관에서 수많은 책을 읽다 보니 자연스럽게 책을 쓰고 싶었던 것이다. 책을 쓰면 모두 베스트셀러가 될 것 같은 착각에 빠졌다. 그런데 막상 직장을 나와 책을 썼지만 히트는 치지 못했다. 돈벌이가 못 되다 보니 생활이 궁핍해졌다. 실업급여로 근근이 버티던 나는 다시 직장생활을 해야 했다.

하지만 뜻대로 되지 않았다. 나이가 들어감에 따라 직장 구하기가 하늘에 별따기만큼 어려워졌다. 그때서야 세상 무서운 것을 알았다. 내 능력으로만 되는 게 아니라는 것을. 세상에 아는 사람이 그렇게 적은 줄을 비로소 온몸으로 느꼈다.

그때를 교훈 삼아 나는 항상 사람을 만날 때 먼 후일까지 생각하며 대한다. 나이가 어리다고, 힘이 없다고, 못 산다고, 볼품없다고 아무도 함부로 대하지 않는다. 난 아무리 나보다 나이가 어려도 말을 잘 놓지 않는 습관이 있다. 몇십 년 학교 후배에게조차도 말을 놓지 않는다. 누구든 항상 조심하고 예의바르게 행동하려고 노력하다. 현재 그 사람이 미래에도 보잘것없으리라는 보장이 없지 않은가?

세상은 돌고 돈다. 언제 어디서든 다시 만나게 되어 있다. 과거 "6단계만 거치면 대부분 아는 사이다"라는 말이 있었다. 하지만 요즘은 SNS의 위력으로 한 단계만 거치면 다 아는 사이라고 할 정도로 사람들이 밀접하게 연결되어 있다. 그만큼 세상은 너무도 좁아졌다.

새로운 직장을 구하는 중에 한동안 나는 지역신문에 지역 발전 정책에 대한 글을 기고하게 된다. 그것이 인연이 되어, 또 아는 선배의 도움으로 나는 지역신문사에 간신히 취직해 기자 생활을 하게 된다. 인맥이 힘이라는 것을 너무 뼈저리게 느낀 나는 짧은 기간 기자 생활을 하면서 지역 전체를 샅샅이 누비고 다녔다. 어디 안 다녀본 곳이 없고, 안 만난 사람이 없을 정도였다. 현재의 인맥도 대부분 그때 만들어졌다.

한편으로 SNS도 즐겨 했다. 내가 쓴 책을 홍보할 목적도 있었지만, 페이스북, 인스타그램, 트위터 등 다양한 SNS를 통해 지역과 국내의 한계를 넘어 전 세계의 다양한 사람들과 소통하며 글로벌 인맥을 만들고 싶어서였다. 언젠가 꼭 전 세계로 나아가고 싶은 나의 발로이기도 하다. 여행을 통해서든, 사업을 통해서든, 다른 그 무엇을 통해서건 언젠가 만나게 될 것이다. 꼭 그렇게 될 것이다.

좋은 세상을 만들겠다는 사명감도 역시 사람을 위한 것이다. 만나는 사람들을 잘 대우하지 않으면서 좋은 세상을 만들겠다는 것은 모두 거짓이고 위선일 뿐이다. 사람 잘 대우하는 것에 길성(吉星)이 있는 법이다.

자신이 잘되기 위해, 언젠가 도움을 받기 위해서 인맥을 만드는 것에는 한계가 있다. 크게 넓게 보고 고락을 함께 함으로써 더불어 성공해 보다 좋은 세상을 만들기 위해 인맥을 만드는 게 온당하다.

● 언어: 우물 안 개구리 신세를 과감히 벗어나다

대한민국의 외교관이자 국제연합(UN)의 사무총장이었던 반기문은 중학교 때 영어를 처음 접한 후 줄곧 영어에 빠져 살았다. 친구들이 놀 때 그는 영어 단어를 외웠고, 이때부터 이미 타임지를 읽을 정도였다. 그렇게 그는 더 넓은 세계를 알았고, 이를 동경했다.

고등학교 때 전국 영어웅변대회에서 1등을 해 한국 대표로 미국에 가서 케네디 대통령을 직접 만나 "저의 꿈은 외교관입니다"라고 말한다. 그렇게 외교관을 향한 그의 꿈이 시작된다. 대학 졸업 후 곧바로 외무고시에 응시 합격해 외무부에서 일하게 된다.

그는 유엔 사무총장 선거를 앞두고 프랑스어를 공부하며 몇 달 만에 이를 마스터해 업무를 볼 수 있을 정도로 능통해졌다고 하니, 언어에 대한 그의 능력과 열정을 엿볼 수 있다. 그는 모국어인 한국어뿐만 아니라 영어, 프랑스어, 독일어, 일본어도 구사한다.

만일 영어를 비롯한 외국어 공부에 대한 능력과 열정이 없었다면 오늘의 유엔 사무총장 반기문이 존재할 수 있었을까? 글로벌 시대에는 이에 맞는 글로벌 성공 전략이 필요하다. 그것은 바로 전 세계의 다양한 언어에 대한 구사 능력을 확고히 갖추는 것이다.

나도 전 세계 어느 누구를 만나더라도 당당히 자신 있게 대화하고 의사를 전달할 줄 아는 세계인이 되고 싶었다. 글로벌 리더가 되기 위해 말하고 소통하는 능력을 길러야 했다.

내가 대학을 다닐 당시, 포스텍은 모든 교과과정에 원서를 교재로 사용했다. 중고교 시절 한글에만 익숙하던 터에 낯선 영어로 공부를 하려니 이만저만 어려운 것이 아니었다. 처음에는 한 줄 읽기도 벅찼다. 하지만 그것도 시간이 지남에 따라 차츰 적응해 갔다.

그런데 영어로 글을 읽는 것은 익숙해지는 반면 영어로 말할 기회가 적어 외국인을 대하면 당황하기 일쑤였다. 요즘처럼 모든 수업을 아예 영어로 진행하는 것과는 사뭇 달랐다. 그때는 교재만 영어였고 수업은 한글로 진행되었다. 그래서인지 영어로 읽기는 쉬웠지만, 듣기, 쓰기와 말하기에 자신감이 부족했다.

외국어에 대한 갈급증이 심하던 나는 늦은 나이에 영어 공부를 다시 하고 싶었다. 영어로 유창하게 말도 하고 글도 쓰고 싶었다. 물론 나의 책 쓰기 최종 목표도 전 세계인을 상대로 영어로 된 책을 내는 것이다. 머지않은 장래에 꼭 그렇게 될 것이다. 물론 이 책이 영어로 번역되어 나온다면 더할 나위 없을 것이다.

나는 경영 서적을 탐독하면서 경영과 사업에 대한 개략적인 개념을 파악했다고 자부한다. 반면 독학에서 오는 허전함이랄까 뭔가 2% 부족한 느낌이 있었다. 그걸 반드시 채워야 했다. 그러던 차에 나는 영어 공부도 하고 경영도 배울 수 있는 MBA 과정에 대해서 알아보기 위해 인터넷을 뒤지고 다녔다.

그런데 MBA를 공부한다고 몇 년을 시간을 내서 직접 해외로 유학을 갈 수 있는 형편은 아니었다. 리스크가 너무 컸던 것이었다. MBA 시장도 무루 익어서 학위만 있다고 해서 대우 받던 시절도 지났고, 게다가 학비도 이만저만 비싼 게 아니었다. 주지하듯이 인맥이 없다면 2년간의 공백을 메우며 새로운 직장을 구하기도 여간 어려운 게 아니었다.

그러던 차에 우연히 우니베르시타스21(universitas21)라는 곳을 알게 되었다. 우니베르시타스21는 멜버른 대학교(University of Melbourne)가 주도해서 만든 세계적인 명문 대학교 네트워크다. 현재 회원교는 27개 대학에 이른다. 세계 최고의 명문 대학교가 참여하는 교육과정이라서 혹하는 마음에 지체 없이 원서를 쓰고 입학했다.

그런데 MBA 과정을 밟으면서 나는 MBA가 단순히 경영 지식만을 가르치지 않음을 깨달았다. 모든 사람들도 어차피 자신을 경영해야 한다. 그런 관점에서 MBA는 인생 자체였던 것이다. MBA를 통해 어떻게 살아야 할지를 깨닫게 된 것이다. 그 옛날 종교가, 철학가, 과학자들도 어떻게 살 것인가에 대한 명쾌한 해답을 제시하지 못한 것을 나는 MBA에서 그 실마리를 찾았다.

물론 나는 외국어만 공부한 것은 아니다. 원하는 일을 하려면 결국 사람들 앞에 나서고 사람들과 깊은 유대 관계를 맺으며, 소통해야 하는데 그런 능력이 너무 부족했다. 그래서 나는 스피치 학원을 찾았다. 때마침 나의 고향 포항에서도 스피치 학원이 문을 열었다.

하면 안 되는 일이 어디에 있겠는가? 포기만 하지 않으면 뭐든 할 수 있다. 나는 그렇게 생각한다. 능력의 문제가 아니다. 태어나면서부터 말 잘 하는 사람 없다. 설령 있다고 해도 오래 못 간다. 자신의 시간과 노력을 투자한 것만이 살아남고 오래 가는 법이다.

나는 내친 김에 서울까지 올라갔다. 거의 매주 KTX로 서울을 오르락내리락 거리며 나는 스피치 연습에 열을 올렸다. 사실 내가 스피치 학원에 다닌 이유는 따로 있었다. 언젠가 남들 앞에 서서 강연을 하는 것과 별도로 내가 쓴 혁신적인 책을 북 페스티벌을 통해 세상에 알리고 싶어서였다.

이러한 소원은 먼 후일 성취되었다. 그것도 지방과 서울에서 두 번씩이나.

【2단계 정리】 지금까지 한 저의 활동을 정리하면, 2단계로 건강, 자산, 독서, 인맥, 언어 등 인생의 기둥을 흔들리지 않게 튼튼히 세워 나 갔습니다. 물론 이러한 활동에는 삶의 소소한 즐거움이 있습니다. 그래서 평생 꾸준히 실행해 나갈 생각입니다.

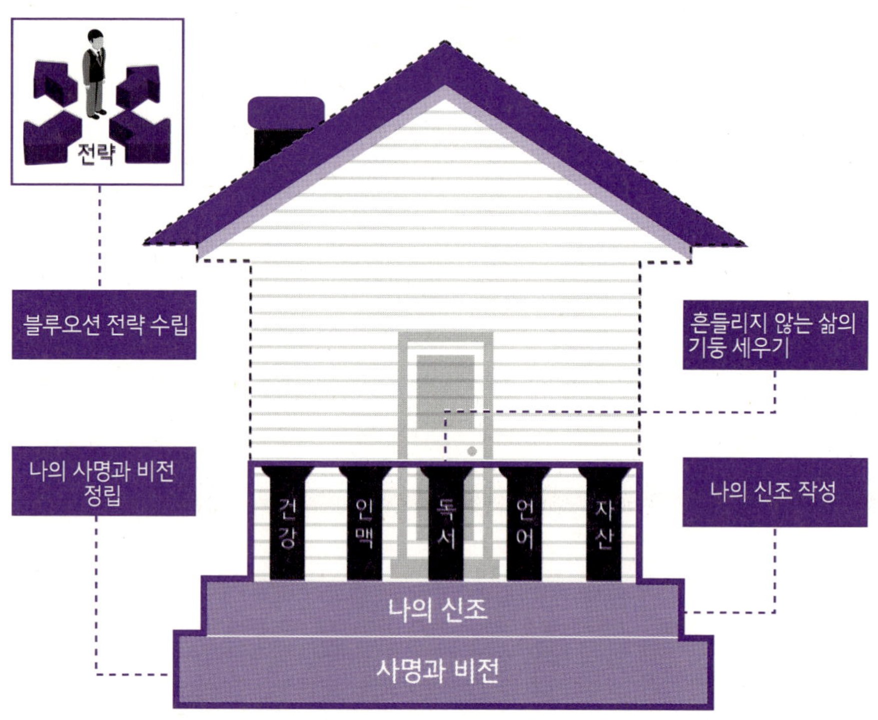

〈3단계: 남다른 특별한 인생의 집을 꾸미다〉

삶의 기둥을 튼튼히 하는 활동에는 삶의 소소한 즐거움이 있다. 하지만 사람이 행복해지려면 삶의 즐거움에 더해서 삶의 의미도 찾을 수 있어야 한다. 그래야 정신적으로 육체적으로 온전해지면서 행복할 수 있다.

모든 사람은 백지 상태에서 태어난다. 백지 위에 어떤 그림을 그릴지는 순전히 자신에게 달려있다. 어느 누구도 대신 삶의 의미를 찾아줄 수 없다. 그렇기 때문에 삶의 의미는 스스로 찾아야 한다. 그런데 삶의 의미는 바로 일을 통해서 찾을 수 있다.

최근 작고한 앨빈 토플러(Alvin Toffler)는 미국 뉴욕 태생의 미래학자로 뉴욕 대학에서 영문학을 전공했으며, 미국 중서부에서 5년간 노동자로 일하기도 했으며, 신문 기자로도 활동했다. 1959년에서 1961년까지 3년 동안 《포춘》 지의 부편집장을 지내면서 경제, 경영, 과학, 미래학 등의 분야에 대해 폭넓게 독서했으며 이때부터 저술활동을 시작했다. 코넬 대학 객원교수, 록펠러 재단, 미래 연구소 AT&T에서 컨설턴트로도 활동한 그는 『제3의 물결』, 『권력이동』, 『부의 법칙과 미래』 등 수많은 베스트셀러를 저술하며 세상을 놀라게 했다.

그렇다면 앨빈 토플러의 성공 비결은 무엇일까? 그는 자기 자신을 스스로 '독서하는 기계'라고 말한다. 언제 어디서나 책을 읽었으며, 심지어 화장실에서도 늘 책을 놓지 않았다고 한다. 인생에 있어서 가장 행복한 순간은 독서를 하고 있을 때라고 말한다. 다양한 분야에 대한 독서에서 한 발 나아가 차별적 전문지식으로써 '미래학' 분야에 집중했다. 그의 이러한 차별적 전문지식은 학사 학위 소지자라는 핸디캡을 극복하며 수많은 베스트셀러의 밑거름이 되었다.

또한 그에게는 미래학자이며 동업자인 아내 하이디 토플러라는 든든한 인맥이 있었다. 하이디 토플러는 사회사상에 대한 기여로 '이탈리아 공화국 대통령 메달'을 수상했으며, 부부가 함께 토플러 어소시에이츠(Toffler Associates)를 창설해 경영, 경제, 기술, 사회의 글로벌 미래 트렌드에 대한 집필과 강연 활동을 겸했다.

인생 전반에 걸친 다양한 경험과 독서로 축적된 '미래학'에 대한 차별적 전문지식을 바탕으로 치밀한 계획 하에 과감히 열정적으로 저술에 몰두한 앨빈 토플러는 미래학 분야에 있어 탁월한 책을 세상에 내놓는다. 당연히 입소문이 나면서 자연스럽게 세계적인 베스트셀러 작가가 된다. 그는 이에 만족하지 않고 시리즈로 책을 세상에 내놓는다. 이러한 평생에 걸친 왕성한 저술 활동으로 앨빈 토플러라는 금세기 최고의 미래학자가 탄생한 것이었다.

나도 앨빈 토플러처럼 차별적 전문지식을 쌓아 남다른 특별한 인생의 집을 멋지게 짓고 싶었다. 이를 통해 삶의 의미를 찾아야 했다.

● 차별적 지식: 자기경영의 독보적 핵심역량

산업혁명 이후 세상은 기술에 의해서 움직이고 있다고 해도 과언이 아니다. 그 전까지 사람들은 대부분 인문학을 공부하고, 농사를 지으며 살았다. 하지만 산업혁명이 일어남에 따라 새로운 기계가 나오고 그에 따라 기술이 기하급수적으로 발전하면서 교육도 인문학에서 기술 쪽으로 급선회하게 된다.

결국 일을 하면서 먹고 살기 위해서는 특정 기술에 대한 지식이 필요했다. 초중고교를 거쳐 현대의 대학교 교육이 바로 전공이라는 형태로 기술 교육을 하고 있다. 이에 따라 현대는 전공 분야에 대한 지식, 하고자 하는 분야에 대한 차별적 지식을 반드시 가지고 있어야 살아남을 수도 성공할 수도 있다. 나아가 이를 통해 삶의 의미를 찾을 수 있게 된다.

나도 내가 하고자 하는 자기경영 분야에서 세계 최고가 되기 위해서는 차별적이며 독보적인 전문지식이 있어야 했다. 경영학 관련 독서를 통해서는 경영에 대한 전반적인 지식을 습득했지만 뭔가 허전했다. 사람들은 대개 눈에 보이는 물리적인 증거를 원한다. 그래야 믿는다. 독서를 많이 했는지 안 했는지 크게 관심이 없다. 얼마나 많이 읽었는지 명확한 증거도 제시하기 어렵다.

그래서 나는 물리적 증거를 확보할 것을 결심하며 MBA 학위에 도전하게 된다. MBA는 정말 쉬운 일이 아니었다. 무려 만 2년을 하루도 쉬지 않고 매일 A4용지 한두 장 정도의 글을 영어로 썼으니 말이다.

특히 과목별 기말시험(Final Exam)은 시험 문제를 읽고 24시간 안에 A4용지 20여 장 분량의 내용을 제출해야 했다. 한 번 시험을 치고 나면 거의 녹초가 되었다. 게다가 모든 내용은 표절을 했는지 안 했는지 체크를 당했다. 만일 조금이라도 표절을 하게 되면 바로 퇴학이었다.

하여튼 나는 MBA 학위를 무사히 마친다. 물론 나는 여기서 멈추지 않았다. 당시 한참 온라인 교육이 활성화되면서 하버드, 스탠퍼드 등 세계 최고의 명문 대학교도 이에 가세해 사활을 걸고 있었다.

내친김에 나는 전 세계 최고 명문 대학교의 온라인 과정을 모두 섭렵해 볼 것을 결심하며, 하버드 익스텐션 스쿨(Harvard Extension School)의 경영 관련 교육도 듣는다. 스탠퍼드 대학교(Stanford University) 전문가 과정(Professional Certificate)도 이수하고, 세계적인 경영대학원 인시아드(Insead)

  나는 슈퍼자기경영으로 인생을 송두리째 바꿨다

에서는 인적자원관리(Human Resource Management) 관련 강의도 수강한다. 앞서 이야기 했듯이 한때 학사 학위를 따기 위해서 잠시 경희사이버 대학교 자산관리학과에 적을 둔 적도 있다. 또 매경-휴넷 온라인 MBA(현 휴넷 MBA) 과정도 수강했다.

박사 학위도 받고 싶었다. 그래서 영국의 아이비리그라고 불리는 리버풀 대학교(University of Liverpool) 박사 학위에도 도전을 했다. 하지만 박사 학위는 시간과 비용 때문에 잠시 보류하게 된다. 시간과 비용이 허락한다면 언제든지 다시 박사 학위에 다시 도전할 생각이다.

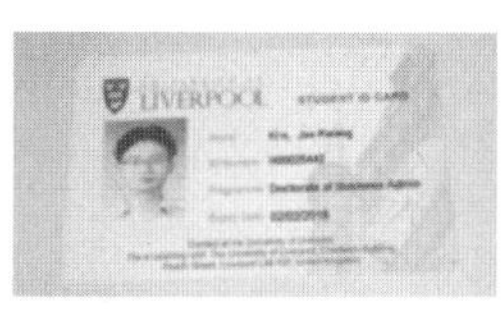
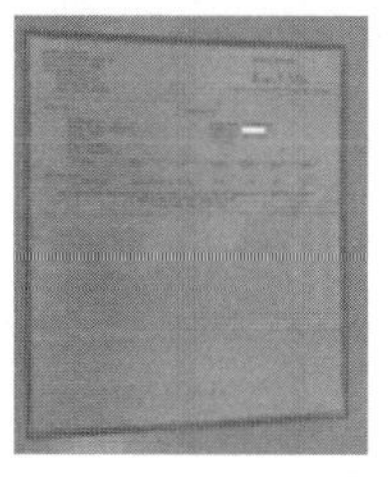

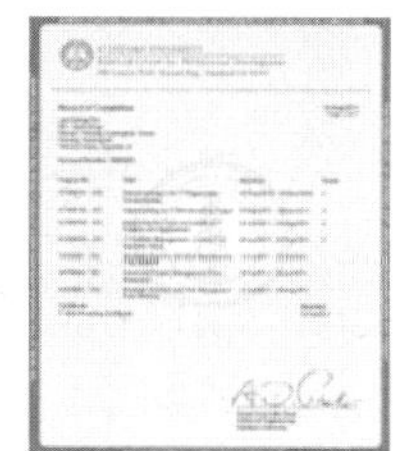

다양한 수료증 및 학위증

결국 나는 이런 전 세계의 다양한 온라인 교육 경험을 바탕으로 『온라인 교육, 세상을 바꾸다』라는 책을 쓰기도 했다. 아마도 저자의 경험을 바탕으로 쓴 온라인 교육에 대한 세계 최초의 책일지도 모른다. 사실 나는 이 책을 쓰기 전에 인터넷을 온통 뒤지고 다녔다. 전 세계에서 누가 먼저 저자의 경험을 바탕으로 온라인 교육에 대해서 쓴 적이 있는지 없는지를 체크하기 위해서 말이다. 아마존에도 없고, 구글 검색으로도 없는 것을 확인한 나는 회사까지 때려 추우면서 이 책을 세계에서 제일 먼저 쓰려고 했다. 하지만 책은 세상에서 제일 먼저 썼는지는 모르지만 히트를 치지는 못했다.

그런데 이와는 별도로 이러한 다양한 교육 경험 속에서 나는 매우 중요한 점을 깊이 깨닫게 되었다. 즉 기업경영이 자기경영과 일대일로 매칭이 될 수 있다는 것이었다.

'아, 바로 이거구나.'

그렇다. MBA는 인생이었다. 결국 종교가, 철학가들로부터가 아닌 경영학자로부터 '어떻게 인생을 살 것인가'에 대한 명쾌한 해답을 얻게 된 것이다. 이때 나는 평생의 업을 찾게 되었다. 자기경영 분야에서 세계 최고의 솔루션을 찾아 널리 전파하기 위해 '자기경영' 관련 책을 쓸 것을 결심하게 된다.

● 치밀한 계획: 낮에는 직장, 밤에는 가슴이 시키는 일

차별적 지식에는 힘이 있다. 그것도 아주 강력한 힘이 있다. 이는 사람을 스스로 움직이게 한다. 우주의 법칙상, 보이지 않는 에너지가 가득 차면 필연코 보이는 실체로 드러나게 되어 있다. 마찬가지로 나는 내가 아는 차별적 지식의 실체를 세상에 드러내고 싶었다. 세상에 널리 알려 모든 사람이 성공하고 행복했으면 하는 바람을 꼭 이루고 싶었다.

이러한 바람은 치밀한 계획으로 드러났다. 사실 계획이 처음부터 치밀하지는 않았다. 그저 처음에는 근무 시간에 할 일과 근무 시간 이후에 할 일 정도로 구분해서 계획을 짰다. 그러다가 매일 근무 시간에 할 일 여섯 가지 정도를 적어서 실행했다. 그래야 시간 낭비 없이 알차게 일함으로써 저녁 시간을 도서관에서 여유 있게 보낼 수 있었기 때문이었다.

하여튼 나는 낮에는 직장 생활을 하고, 밤이 되면 거의 매일 도서관으로 직행했다. 회사에 회식이 있을 때도 나는 잠시 얼굴만 비치고는 얼른 도서관으로 달려가곤 했다.

나는 때때로 이렇게 말하고 다니곤 했다.

'나는 도서관을 전세 냈다.'

그런데 전세 비용은 하나도 들지 않았다. 나의 모교는 정말 멋진 학교다. 공부하기를 원하는 사람에게는 최적의 환경을 매우 저렴하게 제공했다.

나는 생각한다. 언젠가 우리나라에서 노벨상 수상자가 나온다면 포스텍이 제일 먼저 받을 것이라고.

포스텍 도서관은 나의 제 2의 보금자리였다. 만 15년을 거의 매일 함께 했으니, 지겨워질만도 한데 나는 그저 도서관이 좋았다.

'우리 학교 최고다.'

너무 오랫동안 살다시피 해서인지 후배들이 대충 알아보는 눈치라서 부담스럽기는 하지만 그래도 나는 오늘도 꿋꿋하게 도서관 한 귀퉁이에 앉아 책을 읽고, 글을 쓰며 하루를 알차게 보낸다.

'포스텍 도서관이여, 영원하라!'

그런데 명확한 계획을 짜서 실행하는 습관에 관성이 붙으면서 계획이 갈수록 치밀해졌다. 하루 계획만 세운 게 아니었다. 급기야 일주일 계획, 한 달 계획, 일 년 계획, 평생 계획까지 짜게 되었다. 실제로 나는 평생 계획을 비롯해 다양한 계획을 파워포인트 파일로 만들어 네이버 N드라이브에 저장해 두고 있다. 그리고 시간 날 때마다 상황이 변할 때마다 나는 그 계획을 조금씩 수정한다.

● 과감한 실행: 살아있음을 확인하는 삶의 현장

사실 하루에 서로 다른 두 가지 스케줄을 매일 소화하기는 결코 쉽지 않는 일이다. 계획이 아무리 치밀해도 그 날 그 날 사정은 항상 변하기 마련이다. 그래도 나는 굴하지 않았다.

결의를 다지기 위해서 나는 중요한 계획을 수립 시행해야 하는 경우에는 언제나 계획서를 작성 후 프린트해서 좋은 날짜를 잡아 기도를 했다. 앞에서도 이야기 했지만 나는 주로 조상님께 기도를 많이 했다. 물론 명상을 하면서 혹은 식사를 하기 전에도 기도를 하곤 했다. 기도란 어찌 보면 나의 계획을 세상에 공표하는 일이다. 이는 계획한 바를 반드시 이루겠다는 나 자신과의 다짐인 셈이다.

하지만 우여곡절도 많았다. 세상에는 좋은 사람도 많지만, 그렇지 않은 경우도 종종 있다. 그렇지 못한 사람들은 대개 문제를 일으킨다.

남 잘 되는 것을 못 보는 성미는 남도 자신도 망치는 법이다. 남을 망치는 것으로만 끝나면 다행이지만 남을 망친 업보는 부메랑처럼 돌아와서 자신도 망친다. 이런 사실을 안다면 절대 남을 시기하거나 질투하지 않을 것이다. 하여간 나는 계획한 바는 과감하게 밀어붙였다. 누가 방해하면 오기가 발동해서 오히려 더 열심히 했다. 그 누구도 계획한 바에 대한 실행을 꺾지는 못 했다.

그렇다면 이러한 실행력은 과연 어디서 나오는 걸까?

그것은 가깝게는 차별적 전문지식으로부터 나온다고 말할 수 있다. 만일 차별적 전문지식을 통해 세상에 없던 전혀 새로운 것을 만들어 낼 수 있다면 누가 주저하겠는가? 당연히 실행을 통해 뭔가를 만들어 내고 싶을 것이다. 그런데 이러한 실행력은 인생의 기둥, 즉 건강, 자산, 독서, 인맥, 언어 등이 튼튼하게 받쳐줘야 가능한 법이다. 정신적, 육체적으로 건강하며, 일을 도모할 수 있을 정도의 돈의 여유, 또 통찰력도 있고, 함께 할 사람, 남과 소통하며 전달할 수 있는 능력이 구비되어 있다면 실행은 급물살을 탈 것이다. 나아가 꿈과 비전, 사명감으로 똘똘 뭉친다면 그 어떤 난관도 헤쳐 나갈 수 있게 된다.

그러므로 어떤 일을 도모할 때 만일 작심삼일(作心三日)로 끝나는 경우가 있다면 가깝게는 그 일과 관련된 전문지식을 먼저 살피고, 그 다

     나는 슈퍼자기경영으로 인생을 송두리째 바꿨다

음으로 건강, 자산, 독서, 인맥, 언어 등과 같은 인생의 기둥이 튼튼한
지를, 마지막으로 꿈과 비전, 사명감이 확고한지를 위에서부터 아래
로 순차적으로 살펴보아야 한다. 이를 통해 부족한 부분을 메워 나간
다면 순풍에 돛을 달 듯 가속도가 붙으며 앞으로 쭉쭉 나아가게 된다.

● **탁월한 성과: 다수의 혁신적인 책 그리고 '김재광의 북 콘서트'**

시간이 지남에 따라 조금씩 혁신적인 성과들이 나오기 시작했다. 기
업경영과 자기경영이 매우 유사하다는 깨달음이 있었을 때 이를 널리
알리기 위해 나는 그때부터 첫 번째 책을 쓰기 시작했다. 지금 기억으
로는 아마도 MBA 과정 후반기쯤부터 책을 준비한 것 같다. 공부를 하
면서 책을 쓴다는 게 쉬운 일이 아니었다.

게다가 처음으로 쓰는 책이라서 그런지 몇 번을 쓰고 고치기를 반복
했다. 지금 돌이켜보면 글도 개발새발 썼고 문장도 어색했지만 그나마
내용이 매우 독창적이라는 점에서는 자부심을 갖고 있다. 어쨌든 나는
MBA를 마치고 바로 책을 출간했다.

1년 쯤 후, 나는 또 다시 책을 내놓는다. 그 사이 나는 전 세계의 다
양한 온라인 교육 과정을 수강하거나 수강하고 있었다. 전 세계적으로

온라인 교육이 활성화되고 있는 현황을 꼭 알리고 싶었다. 그래서 나의 경험과 전 세계 온라인 교육 현황을 정리해서 책을 또 냈다. 바로 『온라인 교육, 세상을 바꾸다』라는 책이다.

책이 출판되자마자 나는 A4용지 한 장 정도로 메모지를 작성해서 포스텍, 카이스트, 서울대, 연세대, 고려대, 이화여대 등 국내 최고 명문 대학교 총장님께 보냈다. 메모 내용은 전 세계 온라인 교육이 활성화되고 있으니 조속한 시일 내에 우리나라 대학도 이에 대한 대비책을 마련해야 한다는 내용이 요지였다. 어느 대학 총장님도 답장은 없었지만 몇 년 후 한국형 온라인 무료 강의인 KMOOC가 생기는 것을 보고 나름 흐뭇해 한 적이 있다.

한 번 글쓰기에 매료된 나는 관성이 붙으며 또 다른 책을 준비한다. 내 고향 포항이 발전했으면 하는 바람으로 『I Love Pohang, 지역을 바꾸다』라는 책을 썼다. 이 책은 지역을 어떻게 발전시킬지에 대한 생각을 정리해서 쓴 것이다. 일개인이 지역 발전을 위한 정책을 책으로 엮어 펴낸 경우도 매우 드물 것이다. 어쨌거나 나는 계속 책을 '바꾸다' 시리즈로 쓰게 되었다. 이것도 어찌 보면 세계적으로 매우 드문 경우가 아닌가 싶다.

그 사이 나는 또 다른 책을 준비하며 『The Law, 인간관계를 지배하는

   나는 슈퍼자기경영으로 인생을 송두리째 바꿨다

다섯 가지 절대 법칙』이라는 책을 2014년 12월 25일 세상에 내놓는다. 인간관계, 넓게는 인생을 어떻게 바꿀지에 대해 쓴 이 책도 사실 '바꾸다' 시리즈의 또 다른 버전이라고 보면 된다. 우주 법칙이 곧 인간 법칙이라는 매우 알기 쉽고 단순한 논리로 쓴 책이다. 나는 기존의 인간관계에 대한 책들은 너무 지엽적이며 개인적인 주관이 많이 개입되어 있어서 모든 사람들에게 보편타당하게 적용이 어렵다고 느껴왔었다. 그래서 이 책을 통해 무질서해 보이던 인간관계의 세계를 아름다운 질서로 채우고 싶었다. 그것도 보편타당하게 말이다.

이 책이 나올 당시 나는 잠시 지역신문사에 몸을 담고 있었다. 신문사에 계시던 존경하는 선배님의 도움으로 이듬해 2월 4일 포스코 효자 아트홀에서 나의 이름을 딴 '김재광의 북 콘서트'를 개최한다.

세상을 바꾸는 혁신적인 책들

　이날 행사는 '나를 바꾸는 아름다운 시간'이라는 주제로 총 3부로 나
뉘 진행됐다. 1부 '배움과 우리를 바꾸는 아름다운 시간'에서는 '교육,
그 혁신적 미래'라는 주제로 교육의 미래에 대해 강의했다. 강의 후 포
항아트챔버오케스타트라가 '뽀우나까베자', '가브리엘 오보에'를 연주
했다. 2부 '인간관계와 나를 바꾸는 아름다운 시간'에서는 '평범한 99%
에서 위대한 1%로의 자기혁명'이라는 주제로 인간관계와 인생을 지배
하는 다섯 가지 절대 법칙에 대한 강의와 지속가능한 인생 성공 설계
도를 공개했다. 이어 포항아트챔버오케스타트라가 '흐르는 강물처럼',
'윈터게임즈'를 들려줬다. 마지막 3부에서는 청중과의 진솔한 소통의
시간을 가지며 콘서트를 성공리에 마무리했다.

김재광의 북 콘서트

　나는 슈퍼자기경영으로 인생을 송두리째 바꿨다

세상에 별로 잘 알려지지 않은 사람이 오케스트라까지 불러 자신의 이름을 딴 북 콘서트를 개최한 경우도 매우 드물지 않은가 싶다. 하여튼 이날 수많은 사람들이 와서 이전과 다른 북 콘서트에 매료돼 뜨거운 박수갈채를 보내줬다.

이후 나는 포항테크노파크 정책연구소(PDI)에 들어가 지역발전 정책 개발을 총괄하고 4차 산업혁명을 대비하기 위한 연구를 진행한다. 물론 자리 욕심이 없이 순수한 마음으로 지역을 발전시키는 데 일조하고자 한 나는 필요 없을 때 미련 없이 떠나기 위해 또 계약직을 선택했다.

포항테크노파크 정책연구소에 다시 들어가자마자 나는 함께 일할 사람들을 뽑았다. 그동안 정책연구소는 2010년 설립 이후 한 번도 박사급 인력을 뽑은 적이 없었다. 나는 처음으로 박사급 인력 3명을 뽑았다. 지역을 발전시켜 보겠다는 순수한 열정으로 먼저 독자 홈페이지를 만들고, 처음으로 포항시로부터 시비를 지원받으며 눈에 띄는 연구 성과를 만들어 나갔다.

정책연구소가 어느 정도 틀이 잡히면서 나는 오래 전에 미리 써 두었던 책을 출판사에 투고해서 두 권의 책을 더 낸다. 한 권은 맨 처음 쓴 책을 다시 수정해서 출판한 책이고, 다른 한 권은 '김재광의 북 콘서트'에서 공개했던 지속가능한 인생 성공 설계도인 LVH(Life Value House)

를 체계적으로 정리한 책이다.

　제목을 『1시간 자기경영』으로 하고 부제로 '단 1시간 투자로 100년을 바꾸는 자기경영의 슈퍼 모델'로 지었다. 책 제목을 '1시간 자기경영'이라고 붙인 것은 누구나 한 시간이면 족히 읽을 수 있도록 간략하게 서술했다는 뜻이다. 또 부제에 '슈퍼 모델'이라는 용어를 쓴 것은 '대단한 성공 방정식 혹은 롤 모델'이라는 의미다.

　나는 종교, 철학, 과학 등 다방면의 책을 읽어 보았지만 명쾌하고 심플하게 보편타당하게 나아가 누구나 알기 쉽게 '어떻게 살아야 하는지'를 알려주는 책을 발견하질 못했다. 단편적일 뿐만 아니라 별로 납득하기 어려운 경우가 많았다. 하지만 나는 MBA에서 그 해답을 발견한 후 오랜 시간이 흘러 마침내 이 책을 펴내게 되었다.

　나는 그동안 어느 누구도 이처럼 알기 쉽게 어떻게 인생을 살아야 하는지를 명쾌하게 밝힌 책은 없다고 나름대로 자부한다. 도대체 왜 학교에서는 어떻게 살아야 하는지를 제대로 가르치지 않는 걸까? 기회가 된다면 꼭 대한민국 아니, 전 세계의 모든 학교에서 어떻게 살아야 하는지를 가르치고 싶다.

　어떻게 살아야 하는지가 먼저고 그 다음이 전문 기술이어야 하지 않을까? 숲을 바라보지 못하고 나무만 바라보기 때문에 길을 잃고 헤매며 방황하는 것이다. 지금이라도 늦지 않았다. 어떻게 살 것인가를 학

　　　　　　　　　　　나는 슈퍼자기경영으로 인생을 송두리째 바꿨다

교에서 가르치는 날이 오길 고대한다.

그런데 신기하게도 나는 퍼스트(First)와 인연이 많다. 언젠가부터 그렇게 되었다. 나는 퍼스트가 너무 좋고 너무 끌린다. 그것도 월드 퍼스트(World First)면 더할 나위 없다. 물론 그 퍼스트가 베스트(Best)가 될 수 있도록 최선을 다하고 있다. 최선을 다하는 자세가 중요하다고 생각한다. 그렇다면 언젠가 진짜 월드 베스트(World Best)가 될 날이 반드시 올 것이라고 믿는다.

● 효율적 홍보: 다양한 언론 매체로부터 연락이 오다

무슨 일이든 최고의 성과를 내게 되면 홍보는 자연스럽게 된다. 물론 그것이 국내 최고를 넘어 세계 최고면 더할 나위 없다. 사실 이것이 바로 궁극의 마케팅 전략이다.

제품이나 서비스가 최고가 되면 자연스럽게 소문이 나서 홍보가 되는 법이다. 누구나 만들 수 있고 별로 희소성이 없으며 탁월하지도 않은 제품이나 서비스를 만들어 큰 비용과 시간을 들여가며 홍보하는 것은 그렇게 바람직한 마케팅 전략이 아니다.

애초에 최고의 제품과 서비스를 만드는 자체가 바로 홍보 전략의 고 갱이인 셈이다. 곧 탁월한 성과는 효율적 홍보의 필요충분조건이다.

각종 방송 및 언론 매체에 소개된 내용

나의 경우도 마찬가지다. 혁신적인 책을 내놓으니 다양한 언론 매체 로부터 연락을 받았고, 여러 기관으로부터 상도 받았다. 하지만 이제 부터가 진짜 시작이라고 생각한다. 초발심을 잃지 말고 퍼스트가 세계 최고가 되는 그날까지 나는 꿋꿋이 뛸 것이다.

나라고 CNN 인터뷰에 나가지 말라는 법이 없지 않은가? 언젠가 뉴욕타임즈에 소개되고, CNN에서 인터뷰 하는 날이 찾아 올것이다.

　　나는 슈퍼자기경영으로 인생을 송두리째 바꿨다

지인들은 내가 조금 대단한 일을 했다고 생각하는 사람이 간혹 있기는 하다. 하지만 자신을 제일 잘 아는 나는 여전히 'Still hungry, still foolish'였다. 'Stay hungry, stay foolish'의 수준이 아니었던 것이다. 실제로 고향인 포항에서는 조금 알려졌지만 사실 대한민국에서 나를 아는 사람은 거의 없었다. 여차저차해서 서울로 가야만 했다. 애초에 나는 지역에만 머무르고 싶은 생각이 없었다. 여전히 나는 배고팠고, 아는 게 별로 없었다.

때마침 김병완칼리지와 인연이 되어 오래전부터 기획하고 있던 북 페스티벌을 함께 개최할 것을 제안했다. 처음에는 나를 비롯해 김병완 작가, 오기환 개그맨, 이효진 아나운서 이렇게 네 명이 모였다. 몇 번 만나서 기획안을 짜다가 6명이 더 늘면서 총 10명이 되었다. 모두 김병완칼리지 소속 작가들이었다. 그중에는 한때 코미디언으로 이름을 날리던 고명환 작가도 있었다. 때마침 고 작가는 쓰던 책을 마무리 짓고 있었다. 운 좋게도 북 페스티벌 하루 전에 책이 나왔다.

서울에서의 북 페스티벌은 나의 오랜 숙원이었다. 그래서 내가 제안해 모든 행사 준비에 대한 총대를 메고 진행했다. 행사 기획에서부터 장소 섭외, 후원, 포스터 제작 등 모든 사항을 나 혼자서 동분서주하며 준비했다. 우여곡절은 있었지만 작년 10월 21일 코엑스에서 오케스트라, 해금, 첼로 등 연주가 곁들인 북 페스티벌을 성공리에 개최했다.

입장료가 너무 비싸서 많은 분들이 관람하지는 못 했지만 다들 너무 좋은 시간이었다며 야단들이었다. 여건이 되면 세계무대로도 나가고 싶다. 그런 기회가 언젠가는 올 것이다. 물론 10명의 너무 좋은 인연을 알게 된 것만으로 충분히 감사하고 보람되었다.

북 페스티벌 포스터와 행사 사진

북 페스티벌이 끝나자마자 곧장 나는 그동안 쓰고 있던 책을 마무리했다. 바로 이 책이다. 사내벤처를 그만두고 만 15년 동안 걸어온 길

 나는 슈퍼자기경영으로 인생을 송두리째 바꿨다

을 되돌아보고 모든 사람들이 성공하고 행복하는 데 조금이라도 보탬이 되었으면 하는 심정으로 이 책을 내놓는다. 또 다시 시작할 때 세웠던 비전과 사명을 완수하기 위해, 나아가 보다 좋은 세상을 만드는 데 일조하기 위해.

사실 내가 책을 쓰고 강의를 하기 위해 계속 준비해 온 또 다른 목적은 '자유로운 영혼'으로 살고 싶어서였다. 어느 정도 사업이 제 궤도에 올라 스스로 돌아가도록 만들어 놓은 후에는 나는 평생 세계 여행을 다니며 살고 싶었다. 그런 염원을 담은 책이 바로 다음에 나올 '여행 에세이'다.

세상을 빛나게 바꿀 21세기 창의융합형 글로벌 리더 10만의 제자를 육성하면서 시간이 날 때마다 언제든지 세계 여행을 다니며 여행 에세이를 쓰며 여행 작가로 변신할 예정이다.

평생 세 번 정도는 세계 일주를 해야 하지 않겠는가? 세상을 알고자 한다면. 참다운 나를 발견하고자 한다면.

【3단계 정리】 지금까지 한 저의 활동을 정리하면, 3단계로 남다른 독보적 핵심 역량을 구축함으로써 특별한 인생의 집 내부를 눈부시게 꾸며왔습니다. 물론 이러한 차별적인 일을 통해 삶의 의미를 만들어 나가고 있습니다.

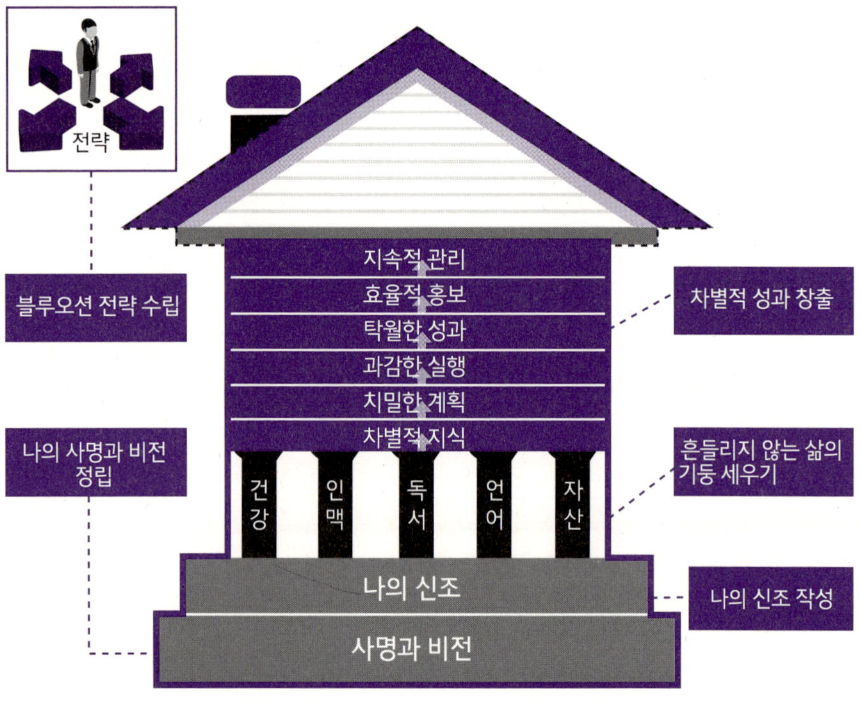

〈4단계: 지속 가능한
인생 가치의 집을 완성해 나가다〉

사회 공헌 활동을 통해 사회적 책임을 다하면서 사랑을 실천할 때 그 성공은 더욱 견고해지고 지속 가능해진다. 그렇지 않다면 성공의 집은 한순간 허물어지고 만다.

세계 최고의 갑부이자 기부자, 세계에서 가장 존경 받는 리더이며 컴퓨터 천재인 빌 게이츠(Bill Gates)는 미국 워싱턴 주 시애틀에서 태어났다. 어린 시절부터 컴퓨터 프로그래밍을 좋아했던 그는 하버드 대학교 재학 시 미래에 컴퓨터가 대중화 될 것을 일찌감치 예견하고 과감히 학업을 그만둔다. 이후 폴 앨런(Paul Gardner Allen)과 함께 차별적 전문지식을 바탕으로 한 핵심역량으로써 컴퓨터 소프트웨어를 만드는 마이크로소프트를 공동 설립한다. 폴 앨런과 함께 새로운 베이직(BASIC) 버전을 개발해 MS-DOS의 핵심적 프로그램 언어로 채택, IBM 개인용 컴퓨터(PC)의 공식 운영체제가 되면서 날개를 달게 된다.

빌 게이츠가 시애틀의 사립학교 레이크사이드(Lakeside)에서 공부할 때 학교에서 운영하는 컴퓨터 클럽에 가입해 5년 이상을 컴퓨터실에서 살다시피 한다. 또 학교 어머니회에서 어마어마한 컴퓨터 운영 자금을 대주면서 폴 앨런과 함께 컴퓨터를 무료로 사용할 수 있는 남들보다 좋은 환경에 노출된다. 또 지척에 있던 워싱턴 대학교에서 새벽에 공짜로 컴퓨터를 사용한다. 물론 주변에 컴퓨터에 관심 있는 사람들로 가득 차 있어 좋은 인맥을 형성하기에도 적격이었다.

MS-DOS가 당시 훨씬 뛰어난 성능으로 명성을 얻고 있던 CP/M을 제치고 IBM PC의 공식 운영체제가 될 수 있었던 것은 빌 게이츠 할아버지가 대은행가였고, 어머니 메리 게이츠(Mary Gates)가 IBM 회장과 개인적으로 친분이 있었기 때문이라고 한다. 1990년대 들어 개인용 컴퓨터의 보급이 급속히 증가하면서 MS-DOS의 지위는 공고해져 마이크로소프트는 개인용 컴퓨터 소프트웨어 시장의 주도권을 쥐게 된다. 이후 전 세계 언어로 출시된 새롭고 혁신적인 운영 체제인 윈도우즈와 오피스의 대성공에 힘입어 세계 최고의 부호로 등극한다.

컴퓨터가 제대로 보급되지 않았던 시절, 빌 게이츠는 '모든 책상 위에 컴퓨터를, 모든 가정에 컴퓨터를'이라는 원대한 비전, 이를 통해 세상 사람들의 보다 나은 삶의 질 향상에 기여하기 위한 사명을 가슴 깊은 곳에 품고 그 꿈을 실현시켰다.

그는 매일 아침 눈을 뜨는 순간 혁신을 생각하며 이렇게 말했다. "어떤 기업이든 현재의 영광에 안주해서는 안 된다. 여러분도 아침에 눈을 뜨는 순간부터 긴장을 늦춰서는 안 된다. 나는 리더의 지위를 이용해 회사 전체에 위기감을 조성하곤 했다. 그런데 위기란 한 번으로 끝나는 것이 아니라, 우리와 같은 경우에는 비슷한 위기가 3~4년에 한번 꼴로 반복된다. 극단적인 경우 1년 안에 우리도 망할 수 있다. 매일 아침 눈을 뜨는 순간 혁신을 생각해야 하는 이유다" 즉 빌 게이츠는 '혁신 추구'를 가장 중요한 핵심가치로 여겼던 것이다.

그는 어린 시절부터 집 근처 도서관에서 살면서 폭넓게 책을 읽은 독서광이었으며, 뛰어난 비즈니스맨이었다. 그의 사업가 기질을 보여준 좋은 일화가 있다. 빌 게이츠는 자신이 만든 베이직의 복사본이 나돌자 불법 사용자들에게 "그건 도둑질이야!"라며 공개편지를 보낸다.

당시로는 사고팔고 할 수 있는 제품이 아니라고 생각한 프로그램을 비즈니스 감각을 발휘해 정식 상품화한 것이다. 오랜 경쟁자이면서 친구였던 스티브 잡스는 죽기 전에 나눈 빌 게이츠와의 세 시간 가까운 대화에서 "그는 정말 건강해 보인다는 생각이 계속 들었다"라며 빌 게이츠의 건강을 매우 부러워했다고 한다.

빌 게이츠는 2008년 6월 27일에 공식적으로 마이크로소프트에서 퇴임하고 빌&멜린다 게이츠(Melinda Gates) 재단을 설립해 멜린다 게이츠와 함께 보다 나은 세상을 만들기 위해 다양한 기부 및 자선 활동을 하고 있다. 빌&멜린다 게이츠 재단의 기금은 약 30조 원으로 웬만한 국제기구보다 더 큰 규모다. 불치병 치료를 위한 글로벌 펀드에 지원하는 등 생명을 살리는 일에 동참해 70만 명 이상의 생명을 살리고 있다.

빌 게이츠와 멜린다 게이츠의 삶은 LVH(Life Value House)를 꾸준히 포기하지 않고 완벽하게 실행에 옮겨 지속 가능한 성공을 넘어 가치 있는 삶을 살고 있는 이 시대 최고의 롤모델(Role Model)이다.

● 사랑: 4차 산업혁명을 대비하는 '슈퍼자기경영 MBA' 과정을 운영하다

물론 나도 빌 게이츠를 닮고 싶었다. 성공해서 사랑을 실천하고 싶었다. 그런데 만 15년을 줄기차게 걸어오면서 나도 모르는 사이에 나는 세상을 빛나게 바꿔 사랑을 실천할 수 있는 멋진 성공 프레임을 완성해 가고 있었다.

우선 무엇보다 나를 바꾸는 것이 제일 어렵고 중요하다. 나를 빛나게 바꾸지 않고서는 그 무엇도 불가능하기 때문이다. 나를 바꾸기 위한 프레임이 바로 LVH(Life Value House)다. 이를 통해 나를 송두리째 바꿀 수 있다. 다음으로 인간관계 혁명을 통해서는 우리를 빛나게 바꿀 수 있고, 나

　　　　　나는 슈퍼자기경영으로 인생을 송두리째 바꿨다

아가 4차 산업혁명을 대비함으로써 세상을 빛나게 바꿀 수 있다.

이 모든 것을 종합해서 나는 '슈퍼자기경영 MBA' 과정을 만들게 된다. 먼저 서울에서 일반인을 대상으로 오픈했을 때 다들 난리가 났다. 이제까지 들어 본 자기경영에 대한 강의 중 가장 완벽하다는 찬사가 이어졌다. 그것도 수십 년 동안 자기경영만 연구하며 강의해 온 분들의 의견이다. 또 한편으로 고향인 포항에서 공무원을 대상으로 5주 과정의 '슈퍼자기경영 MBA' 과정을 개설 운영했다. 역시나 난리가 났다. 포항시 2,000여 공무원 전원이 다 들어야 한다며 야단들이었다.

나를 빛나게 바꾸는 시간

1강: 자기 진단<실습 있음>
SWOT 분석을 통한 완벽한 자기 진단

2강: 자기 혁명<실습 있음>
인생을 송두리째 바꾼 슈퍼자기경영 비법

3강: 지식 및 교육 혁명
남다른 독보적 전문지식 쌓기

우리를 빛나게 바꾸는 시간

4강: 인생 및 인간관계 혁명<실습 있음>
평범한 99%를 위대한 1%로 만드는 인생 및 인간관계 혁명

세상을 빛나게 바꾸는 시간

5강: 미래 혁명
미래 메가트랜드와 대응 전략

나를 뛰어넘어 세상을 바꾸는
21세기 창의융합형 인재 및
4차 산업혁명을 선도할 글로벌 리더 육성

'슈퍼자기경영 MBA' 과정 커리큘럼

이 '슈퍼자기경영 MBA' 과정은 총 5강으로 구성되어 있다 1강: 자기 진단(SWOT 분석을 통한 완벽한 자기 진단), 2강: 자기혁명(인생을 송두리째

바꾸는 슈퍼자기경영 비법), 3강: 지식 및 교육 혁명(남다른 독보적 전문지식 쌓기)을 통해 먼저 나를 빛나게 바꾼다. 다음으로 4강: 인생 및 인간관계 혁명(평범한 99%을 위대한 1%로 만드는 인생 및 인간관계 혁명)을 통해서는 우리를 빛나게 바꾼다. 마지막으로 5강: 미래혁명(미래 메가트랜드와 대응전략)을 통해서는 세상을 빛나게 바꾼다. 이를 통해 21세기형 창의 융합형 인재 및 4차 산업혁명을 선도할 글로벌 리더를 양성하는 것을 목적으로 하고 있다.

나는 자부한다. 이 '슈퍼자기경영 MBA' 과정은 세상에 없던 전혀 새로운 내용의 슈퍼 자기경영 비법, 세상에서 가장 완벽한 자기경영의 정석이자 과학, 세상을 바꾸기 위한 세계 최고의 실효성 있는 프레임이라고 말이다.

이 과정은 자라는 청소년과 꿈 많은 대학생들에게 매우 유익하다. 그런데 나의 모교인 포스텍은 공대이고 그것도 연구중심대학을 표방하기 때문에 인문학이 다소 약한 단점이 있다. 이것만 보완한다면 포스텍은 세계적인 글로벌 리더를 배출하며 세상을 빛나게 바꿀 것이다. 나아가 노벨상도 가까운 시일 내에 꿈이 아닌 현실이 될 것으로 확신한다. 그래서 나는 특히 모교인 포스텍 후배들에게 이 내용을 꼭 강의하고 싶다. 물론 앞으로 전국 청소년과 대학생들에게도 열정적으로 강의할 예정이다. 나아가 전 세계의 모든 사람들에게도 알리고 싶다. 조만간 꼭 그렇게 될 것이다.

운명이 부르는 더 큰 꿈을 꾸다

그런데, 나의 진짜 꿈은 세계적으로 혁신적인 대학교를 만드는 것이다. 현대의 교육이라는 것이 사람의 가치는 외면한 채 기술 교육에만 너무 치중해 있다. 이제는 이런 구시대적 관습을 과감하게 탈피해 창의와 혁신의 전인 교육을 구현해야 한다. 나아가 꿈의 실현, 일과 삶의 균형, 더불어 지속 가능한 삶의 의미와 가치를 실현해 나갈 수 있도록 교육을 전면적으로 혁신해야 한다.

The World's Best Think Tank & University

사명 선언문

1. 우리는 21세기 글로벌 리더를 육성함으로써 사람들의 보다 나은 삶을 위해 세상을 빛나게 바꾼다.

2. 우리는 사람들의 성공을 넘어 의미 있고 가치 있는 삶을 영위할 수 있도록 최대한 지원을 아끼지 않는다.

3. 우리는 세상을 빛나게 바꾸기 위한 위대한 글로벌 커뮤니티(공동체) 구현에 앞장선다.

4. 우리는 사회적 약자에 대한 배려를 통해 더불어 사는 사회 구현을 위해 헌신한다.

5. 우리는 우리가 할 수 없는 것 이상을 함으로써 위대한 삶을 지향하고 이를 위해 최선을 다한다.

김재광혁신대학교 사명선언문

이를 위해 나는 가칭 창의와 혁신을 선도하는 기업이자 싱크탱크인 '김재광혁신대학교'를 만들고, '사명선언문(Mission Statement)'을 작성했다. 사명을 명확히 하는 것이 모든 일의 첫걸음이다. 여기서 모든 것이 결정된다. 이러한 사명을 완수하기 위해 4차 산업혁명 등에 대한 전문 분야 교육을 통해서는 지식, 인문학 교육을 통해서는 지혜를 습득케 함으로써 세상을 빛나게 바꾸는 21세기 창의융합형 글로벌 리더를 육성해 나갈 것이다.

10만 명의 21세기 창의융합형 글로벌 리더를 육성하려는 이러한 염원은 로고에도 그대로 나타냈다. 로고의 두 마리 새는 암수 한 쌍의 불사조(Phoenix)를 상징한다. 오래 전에 꿈에서 나의 어깨에 앉았던 두 마리의 황금빛이 나는 새를 형상화해서 만들었다.

김재광혁신대학교와 김재광장학재단 로고

아직은 그 실체가 미미하고 시작에 불과하다. 정식 대학교도 아닌 그냥 기업이나 싱크탱크일 뿐이다. 하지만 다수의 사람들이 새로운 교

    나는 슈퍼자기경영으로 인생을 송두리째 바꿨다

육을 혁신하는 데 함께 동참을 해 준다면 언젠가 번듯한 정식 대학교로 발돋움할 것으로 믿는다. 나아가 장학재단도 설립해 공부에 대한 열의는 있으나 여건이 좋은 못한 학생들을 선발해 장학금을 수여하면서 지속적으로 후원해 나갈 것이다.

그렇다면 언젠가 목표로 하던 10만 명의 글로벌 리더를 육성해 세상을 빛나게 바꾸는 데 일조하게 될 것으로 기대한다.

【4단계 정리】 지금까지 한 저의 활동을 정리하면, 마지막 4단계로 '슈퍼자기경영 MBA' 과정을 개설하고, 가칭 '김재광혁신대학교'를 경영하는 등 지속 가능한 가치의 집을 빛나게 완성해 나가고 있습니다.

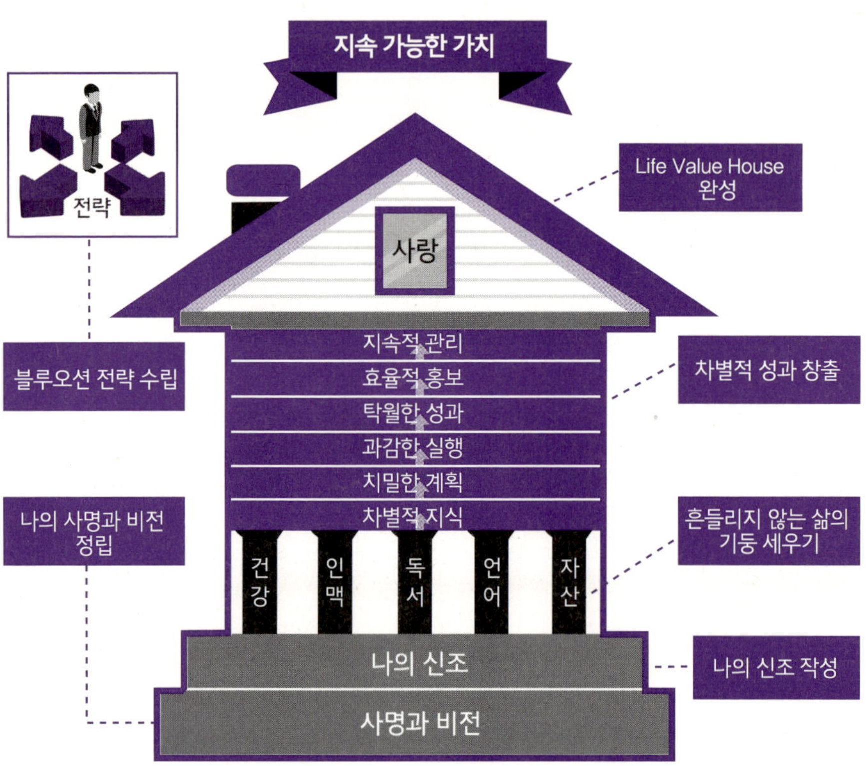

어떻게 차별적 전문지식을 축적할 것인가

● 그래도 차별적 지식은 있어야 한다

주지하듯이 산업혁명 이전에는 인문학 교육이 주를 이루었다. 왜냐하면 그 이전까지 기술이라고 해 봤자 고작 농사짓는 방법이 대부분이었기 때문에 따로 기술 교육을 할 필요가 없었던 것이다. 하지만 18세기 중엽 산업혁명이 영국에서 일어나면서 세상은 돌변했다.

도화선에 불을 붙인 증기기관의 발명으로 기술이 기하급수적으로 발전하면서 이에 대한 교육의 필요성이 제기되었다. 또 부모들이 공장에 나간 사이 노는 아이들을 교육도 해야 해서 수많은 학교가 갑자기 생겨나기 시작했다.

그러는 와중에 우리는 생존을 위한 기술 위주의 획일적인 교육만 받게 된 것이다. 이것이 오늘날 우리가 받고 있는 현대의 교육이다. 특히 우리나라는 일제 식민지에 의한 노예 교육의 잔재가 아직도 남아 우리를 괴롭히고 있다. 거기다가 입시 위주의 교육은 사람들의 가치와 창의성을 말살하며 이를 더욱 부추겼다. 지나친 것은 독이 되는 법이다.

사람의 가치를 우선하는 교육으로 다시 돌아가야 한다. 지식과 지혜를 동시에 교육해 나가야 한다.

산업혁명으로 인한 획일성을 상징하는 사진

그렇다고 인문학 교육을 통한 지혜만 교육한다면 지식을 도외시해 또 다른 우를 범하는 꼴이 될 수 있다. 이제 4차 산업혁명의 파고가 거세게 밀려오고 있다. 그 누구도 거부할 수 없다. 이에 따라 예전과 다른 기술이 필요해지고 있다. 이제 곧 그 옛날 필요했던 기술은 로봇이 모두 알아서 할 것이다. 4차 산업혁명 시대에 꼭 필요로 하는 지식과 기술을 선제적으로 교육, 습득시킴으로써 미래를 대비해 나갈 필요가 있다.

그렇다면 우리는 구체적으로 어떤 지식을 습득해야 할까? 또 어디서 어떻게 습득할 수 있을까?

● 교육, 그 파괴적 혁신의 현장

파괴적 혁신은 하버드 경영대학원 석좌교수이자 세계 경영학의 대가인 클레이튼 크리스텐슨(Clayton M. Christensen)이 제창한 이론이다. 단순하고 저렴하고, 새롭고 혁신적인 제품이나 서비스가 기존의 낡은 제품과 서비스를 대체하며 시장 전체를 장악하는 혁신을 말한다.

예를 들어, 아날로그 TV, 종이 신문, 유선 전화, 아날로그 카메라, 타자기, 음반 등 아날로그로 대변되는 제품이나 서비스들이 디지털 스마트 TV, 전자 신문, 스마트폰, 디지털 카메라, 워드프로세서, MP3 플레이어 등 디지털로 대변되는 제품이나 서비스로 빠르게 대체되는 현상이 대표적이다.

왼쪽 위부터 스탠퍼드 대학교, 하버드 익스텐션 스쿨, 코세라, 에드엑스 홈페이지

그런데, 이러한 파괴적 혁신의 바람은 교육에도 거세게 불며, 전 세계적으로 다양한 온라인 교육이 활성화 되고 있다. 세계적인 명문대학들도 이에 가세하며 온라인 교육은 그야말로 춘추전국시대를 맞이하고 있다.

하버드 대학교는 하버드 익스텐션 스쿨(Harvard Extension School)을 통해서, 스탠포드 대학교는 대학 내 전문 교육기관을 통해서 다양한 학위과정과 전문가 과정을 전 세계에 서비스하고 있다. 이뿐만이 아니다. 영국의 옥스퍼드 대학교, 맨체스터 대학교 등의 대학교도 일찌감치 교육의 미래를 내다보고 온라인 교육에 사활을 걸고 있다. 다른 여타 국가나 대학교도 마찬가지다.

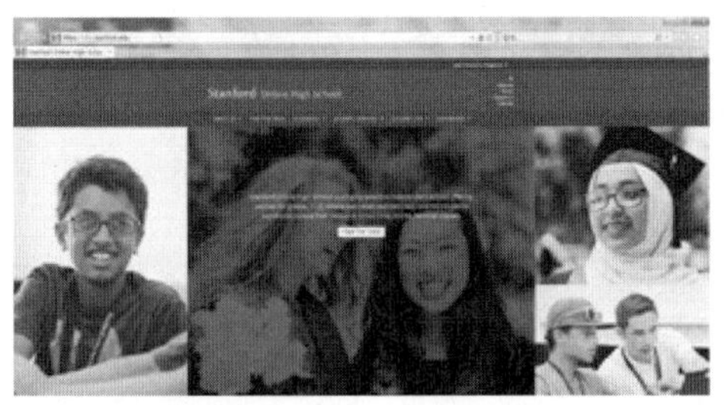

스탠퍼드 대학교 온라인 고등학교 홈페이지

대학교 과정만 그런 것이 아니다. 스탠포드 대학교는 2006년 스탠포드 대학교 온라인 고등학교(Stanford University Online High School)를 만들어 우수한 학생들을 선발해서 교육하고 있다. 이들 학생들은 졸업 후

    나는 슈퍼자기경영으로 인생을 송두리째 바꿨다

대부분 아이비리그 등 명문 대학교에 진학하고 있다. 미국 내에서는 온라인 초등학교도 수백 군데가 넘는다.

이제 진정 공부하기 위해 학교에 직접 가야 하는 시대의 종말을 맞이하고 있다. 그래서 피터 드러커는 "미래 교육은 전통적인 학교 밖에 있다"라고까지 말한 것이다.

근래에는 전 세계 명문 대학교가 연합해서 만든 코세라(Cosera), 에드엑스(edX) 등 대중 무료 강좌인 MOOC(Massive Open Online Course)가 기하급수적으로 성장하고 있다. 전 세계 수천만 명의 학생들이 이들 사이트에 접속해서 열심히 공부하고 있다. 어떤 학생들은 이들 사이트에서만 공부해서 MIT 등 명문 대학교에 진학하기도 하면서 언론에 대서특필되기도 했다.

K-MOOC 홈페이지

국내에서도 이를 모델삼아 K-MOOC를 만들어 서비스 중에 있다. 이

K-MOOC에는 포스텍, 카이스트, 서울대, 연세대, 고려대, 성균관대, 이화여대 등 대부분의 국내 명문 대학교가 참여하고 있다. 서비스 과정 수도 지속적으로 늘어나는 추세다.

만일 추후 이들 과정 대부분이 학점으로 인정된다면 다수의 미래 학자가 예측한 대로 더 이상 학교에 나갈 필요가 없게 된다. 학교는 그야말로 연구하는 장소로 변하지 않을 수 없는 것이다.

● 원하면 언제 어디서나 지식을 얻는 수 있다

따라서 원하는 지식을 스펀지처럼 흡수하기 위해 조금만 발품을 판다면 언제 어디서나 이를 얻을 수 있다. 지식의 대폭발이라고 해도 과언이 아니다. 이제 지식은 도처에 널려 있고, 누가 먼저 능동적으로 찾아서 이를 자신의 것으로 만드느냐에 따라 인생이 달라지게 된다.

그러므로 우선 자신이 무엇을 원하는지를 명확히 해야 한다. 그 다음에 그에 맞는 교육 과정을 찾아서 이에 몰두하면 된다. 옛날처럼 지식을 흡수하고 공부하기 위해 멀리 유학 갈 필요도 없다. 직장을 때려치우지 않아도 된다. 그만큼 기회비용을 절약할 수 있는 것이다. 그저 스마트폰이나 노트북 정도만 있으면 언제 어디서든 공부할 수 있다.

온라인 교육의 활성화로 학위도 한꺼번에 여러 개 딸 수도 있다. 한 우물을 팔 때의 리스크를 줄이기 위해 다수의 학위를 취득함으로써 전문지식의 범위를 넓혀 갈 필요가 있다. 4차 산업혁명의 파고는 어떻게 세상을 바꿀지 예측이 불가능할 정도이기 때문이다.

급변하는 세상에 능동적으로 대처하며 전문지식을 축적하는 길은 바로 온라인 교육에 있다.

삶 그리고 여행

- 열정 -

누가 뭐라고 하든

오랜 인고의 시간을

의연히 견디며

하고자 하는 바에

뜨거운 열정을 쏟는다면

먼 후일

그대가 곧 한 줄기 빛이 된다.

다른 사람을 평가한다면 그들을 사랑할 시간이 없다.

마더 테레사

나는
슈퍼자기경영으로
인생을
송두리째 바꿨다

제4부

우리를 빛나게 바꾸는 슈퍼자기경영

나를 바꾸는 것은 해묵은 습관을 극복하며 새롭게 변신해야 가능하기에 결코 녹록치 않다. 그만큼 각고의 노력과 오랜 시간이 필요하다. 그렇다면 우리를 바꾸는 것은 어떨까?

인생과 인간관계에도
단순한 법칙이 존재함을 깨닫다

뉴턴은 만유인력의 법칙과 세 가지 운동 법칙을 통해 우주의 법칙을 아주 명쾌하게 설명하며 17세기 과학혁명이라는 역사적 사건을 이끌었고, 근대역학을 확립하는 데 혁혁한 공을 세운다. 그 전까지 사람들은 우주가 어떻게 돌아가는지 전혀 알지를 못했다. 뉴턴은 우주도 아주 단순한 몇 가지 법칙에 의해 움직임을 수학적으로 증명하며, 세상을 빛나게 바꾸는 신호탄을 멋지게 쏘아 올렸다.

뉴턴의 위대함은 보이지 않는 세계를 몇 가지 공식으로 보이게 만들었다는 것에 있다. 사과도 그냥 무심히 떨어지는 것이 아니라 어떤 물체가 당기기 때문에 떨어지게 된다는 단순한 직관으로부터 시작한 사고는 만유인력의 법칙의 발견으로 이어졌다. 두 물체 사이에는 인력이든 척력이든 어떤 형태로든 힘이 작용하기 때문에 사과가 땅으로 떨

　　　　나는 슈퍼자기경영으로 인생을 송두리째 바꿨다

어지게 되는 것이다.

따라서 우리 눈에 보이지 않는다고 아무런 작용이 일어나지 않고 있다고 생각한다면 이는 무지의 소치다. 보이는 세계의 이면에 존재하는 보이지 않는 세계의 작용을 눈에 보이듯 파악할 수 있어야 한다.

그럼, 뉴턴의 운동의 세 가지 법칙을 살펴보자. 먼저 관성의 법칙이다. 관성의 법칙이란 한마디로 모든 물체는 일관되게 운동하려는 습성을 가지고 있다는 것이다. 즉, '외부에서 힘이 작용하지 않으면 운동하는 물체는 계속 그 상태로 운동하려고 하고, 정지한 물체는 계속 정지해 있으려고 한다'는 것이다. 다음은 가속도의 법칙이다. 이 법칙도 만유인력의 법칙처럼 힘에 대한 법칙이다. 힘은 질량과 가속도에 비례한다는 것이다. 마지막으로 작용반작용의 법칙이다. 단순하게 생각하면 작용이 있으면 반드시 힘은 같고 방향이 반대인 반작용이 있다는 것이다. 즉 '모든 작용에는 크기가 같고 방향이 반대인 반작용이 항상 존재한다. 즉 두 물체가 서로에게 미치는 힘은 항상 크기가 같고 방향이 반대이다'라는 것이다.

여기에 더해 우주의 가장 기본적인 법칙으로 에너지 보존의 법칙이 있다. 즉 에너지는 발생하거나 소멸하는 일 없이 열, 전기, 자기, 빛, 역학적 에너지 등 서로 형태만 바뀌고 총량은 항상 일정한 법이라는 것이다. 여기서 한 발 더 나아가 현대에 이르러서 아인슈타인은 상대성 이론을 통해 시공간도 힘에 의해 왜곡될 수 있음을 증명했다.

여기서 우리는 깊이 생각해 봐야 한다. 과연 그렇다면 인간은 이러한 우주의 법칙으로부터 예외일까?

고대 그리스의 철학자이나 엘레아학파의 시조인 파르메니데스는 이렇게 말한 적이 있다.

"존재는 하나다."

그렇다. 존재는 하나다. 우주의 법칙이 특정 물체에만 적용되고 인간에게는 예외라면 세상은 너무 복잡해진다. 존재는 하나이기에 우주의 법칙은 인간 세계에도 그래도 적용되어야 한다. 직관적으로도 인간이 하는 모든 말과 행동도 에너지의 한 형태이기 때문에 인간도 우주의 법칙으로부터 예외일 수 없게 된다. 그렇지 않은가?

그렇다면 인간관계는 매우 단순해진다. 그것도 아주 말이다. 역사 이래로 수많은 사람들이 인간관계에 대해서 논하며 다양한 책을 펴내고 이론을 설파했지만 누구 하나 속 시원하게 단순한 몇 가지 법칙으로 정리해서 설명해 준 사람이 없다. 각양각색의 이론은 사람들만 혼란에 빠뜨렸을 뿐이다.

　　　　　나는 슈퍼자기경영으로 인생을 송두리째 바꿨다

이제는 이를 매듭지어야 한다. 우주 법칙이 곧 인간 법칙임을 깨닫게 되는 순간 이 모든 혼동과 혼란은 종식된다. 아인슈타인은 "나는 우주의 법칙이 아름답고 단순한 것이라고 굳게 믿는다"라고 일갈했고, 헨리 밀러는 "무질서는 우리가 이해하지 못하는 질서를 발견했을 때 이를 지칭하는 말이다"라고 말했다.

인간 법칙이 우주 법칙이라면 우주 법칙처럼 인간 법칙도 단순할 수밖에 없다. 이제까지 인간 법칙이 무질서해 보인 것은 단지 우리가 질서를 찾지 못했기 때문일 뿐이었던 것이다.

자, 이제 본격적으로 우리가 이해하지 못해 무질서해 보였던 인간관계를 매우 단순한 질서의 세계로 아름답게 채워보자.

평범한 99%의 인간관계 법칙

앞에서 이야기했듯이, 에너지 보존의 법칙, 그리고 뉴턴이 발견한 만유인력의 법칙과 세 가지 운동 법칙, 현대의 아인슈타인의 상대성 이론은 우주를 지배하는 아주 기본적인 법칙이다. 진실로 이러한 법칙은 인간 세계에도 예외가 될 수 없다. 따라서 인간관계에도 그대로 적용될 수밖에 없는 것이다.

이를 정리하면 다음과 같다.

우주 법칙	평범한 인간 법칙
에너지 보존의 법칙 (The Law of Conservation of Energy)	열정 보존의 법칙 (The Law of Conservation of Passion)
만유인력의 법칙 (Law of Universal Gravitation) 가속도의 법칙 (Law of Acceleration)	힘의 법칙 (The Law of Power)
작용반작용의 법칙 (The Law of Action & Reaction)	기브앤테이크의 법칙 (The Law of Give & Take)
관성의 법칙 (The Law of Inertia)	습관의 법칙 (The Law of Habit)

그 하나하나를 세세히 들여다보자.

● 에너지는 언제나 그대로 있다

에너지 보존의 법칙을 보자. 우주의 모든 에너지는 상황에 따라 형태만 변할 뿐 그 에너지는 그대로 남아있다는 것이다. 그렇다면 내가 생각, 말 그리고 행동으로 만들고 뿌린 에너지는 어떻게 될까? 당연히 그대로 남아있을 것이다. 다만 우주 간에 흩뿌려져 그 형태가 변할 뿐.

이것이 진정 진실이라면 좋은 생각, 좋은 말 그리고 좋은 행동을 주변에 많이 뿌리고 다닌 경우에는 주변에 형성된 좋은 에너지로 인해 그대로 자신과 타인에게 순영향을 미치게 된다. 반면 나쁜 생각, 나쁜 말 그리고 나쁜 행동을 주변에 많이 뿌리고 다닌 경우에도 주변에 그대로 남아 결국 자신과 타인에게 악영향을 미치게 된다.

주변을 한 번 살펴보자. 과연 사람들이 어떻게 생각하고 말하고 행동하고 있는지를. 또 나 자신은 또 어떻게 생각하고 말하고 행동해 왔는지를.

우리는 그동안 '에너지 보존의 법칙'이라는 물리 법칙을 단지 입학시험에서 좋은 성적을 받기 위해서 아무 생각 없이 암기만 해 오고 살아왔을 뿐이다. 주입식 교육의 폐단으로 그 누구도 이에 대해서 질문하거나 토론하면서 진정한 깨달음을 얻지 못했다.

이 법칙에 대한 깨달음으로 가득했다면 우리는 자신과 타인을 위해 절대로 절대로 나쁜 생각, 나쁜 말, 나쁜 행동은 하지 않기 위해 부단히 노력했을 것이다. 또한 눈앞의 이익만을 위해서만도 살지 않았을 것이다.

나의 모든 생각, 말과 행동이 그대로 보존된다면 언젠가 분명 그에 대한 보답을 받을 것이기 때문이다. 내가 좋은 생각, 좋은 말과 좋은 행동을 했다면 그 에너지는 사라지지 않고 보존되면서 지속적으로 축적되어 언젠가 그에 상응한 보답을 받을 것이기 때문이다.

● 세상에 공짜 없다

에너지가 보존된다는 것은 한편으로는 세상에 공짜가 없다는 말과도 상통한다. 자신의 노력 없이 공짜로 얻은 것은 생각보다 쉽게 날아가 버린다. 로또에 당첨된 사람들이 하루아침에 알거지가 된 뒷이야기가 이를 잘 말해준다. 반면 수십 년의 노력한 결과가 한 순간에 피어나는 경우도 있다.

   나는 슈퍼자기경영으로 인생을 송두리째 바꿨다

바로 대나무 같은 사람들이다. 대나무는 몇 년을 땅에 뿌리박고 있다가 자랄 때는 하루에만도 60㎝ 이상씩 하늘 높은 줄 모르고 치솟으며 한 달여 만에 완전히 다 자라버린다. 그래서 우후죽순(雨後竹筍)이라는 말이 생겼다. 비가 흠뻑 온 뒤의 대나무의 성장의 기세가 어찌나 맹렬했으면 이런 말이 생겼겠는가?

무언가 되려면 한순간에도 되는 것이다. 조급해 하지 말자. 순간의 기분에 우울해하거나 분노하지도 말자. 일히일비(一喜一悲)하면 제로섬이 되고 만다. 수년간 축적한 에너지는 절대 사라지지 않고 언젠가 보란 듯이 한순간에 피어난다.

주변을 한 번 살펴보자. 어느 날 갑자기 스타가 되는 사람들을 보라. 하지만 그들은 절대 한 순간에 스타가 된 것이 아니다. 혜성처럼 나타난 것처럼 보일 뿐이다. 남모르는 수년간 아니 수십 년간의 피눈물 나는 노력의 결과가 단지 한 순간에 나타나는 것처럼 보였을 뿐이다. 그러지 절대 포기하지 마라. 좋은 생각, 좋은 말, 좋은 행동으로 일관하자. 그렇다면 언젠가 좋은 열매를 보게 될 것이다. 우주는 정직하다.

인간관계는 또 어떤가? 사람들을 잘 대우하는 사람은 타인에게도 잘 대우를 받는다. 또 사소해 보이는 것도 지속적으로 축적되면 어마어마한 에너지를 형성하며 나중에 크게 보답받기도 한다. 바로 나비

효과다.

나비효과의 대표적인 경우가 바로 인사다. 사람들은 인사를 대수롭지 않게 생각하는 경향이 있다. 사실 인간관계에 있어서 인사만큼 중요한 것도 없다. 인사는 눈에 보이지 않게 알게 모르게 자신의 평판을 조금씩 형성해 간다. 그리고 이는 언젠가 사람을 판단하는 중요한 기준으로 작용한다. 결국 승진 등에 영향을 미치며 자신의 운명을 결정하는 것이다.

내가 아는 어떤 사람은 매번 승진에서 미끄러진다. 그는 승진에서 누락될 때마다 심하게 우울해 하며 혼자만의 울타리 속에 갇혀 사람들을 기피한다. 그런데 그 사람을 자세히 들여다보면 도통 인사를 안 하는 것을 알게 된다. 다소 사소해 보이는 인사를 안 하는 것도 나쁜 에너지를 형성하면서 언젠가 자신에게 그대로 되돌아오는 법이다.

세상 어디에서 인사도 제대로 안 하는 사람을 쓰겠는가? 인사를 안 한다는 것은 남을 대우하지 않겠다는 뜻이다. 남을 대우하지 않고 자신만 잘되려고 하는 사람을 조직에서 쓰면 그 조직은 반드시 망하게 되어 있다.

사람을 잘 대우해 기네스북에 12년 연속 세계 최고의 판매왕으로 오른 사람도 있다. 바로 조 지라드(Joe Girard)다. 그는 세일즈를 하기 전까지는 늘 실패자, 패배자 딱지를 달고 살았다. 폭력적인 아버지 밑에서 '아무짝에도 쓸모없는 놈'이라는 소리를 숱하게 들으면서 자랐다. 고등 학교에서 퇴학당한 후 구두닦이, 접시닦이 등 온갖 허드렛일로 불우한 청소년기를 보냈다. 40여 군데가 넘는 직장에서 쫓겨나는 등 35세까 지 세상에서 가장 실패한 낙오자였다.

하지만 조 지라드는 가족을 굶기게 하지 않으려는 절박한 심정으 로 시작한 세일즈로 새로운 인생의 전기를 마련한다. 조 지라드는 세 일즈를 하면서 끈질긴 연구를 통해 한 사람이 미칠 수 있는 인간관계 의 범위가 250명 정도이라는 사실을 깨닫고 '조 지라드의 250 법칙' 을 만든다.

이 법칙에 의하면 사람은 누구나 결혼식이나 장례식 같은 인생의 중 요한 행사에 초대할 정도로 친숙한 사람이 250명 정도는 있다고 한다. 한 명의 잠재고객을 실망시키면 이는 곧 추가로 250명의 고객을 잃 을 수도 있는 것을 내포한다. 그 후 그는 만나는 모든 고객에게 이 법 칙을 적용, 한 사람 한 사람 모두를 귀인 대접해 추가로 250명의 고객 을 얻어 급기야 세계 최고의 판매왕이 된다. 주변 사람 모두를 잘 대우 한 것이 차츰 쌓이면서 큰 덕이 되어 자신에게 그대로 돌아온 것이다.

● 사랑하는 사람을 찾듯이, 사랑하는 일을 하라

그런데 우주든 사람이든 에너지와 열정은 한정되어 있다. 사람은 DNA 속에 타고난 능력이 어느 정도 프로그램이 되어 태어난다. 물론 후천적 노력으로 얼마든지 이를 바꿀 수는 있다. 하여튼 사람이란 모든 것을 다 잘 할 수는 없다. 그렇기 때문에 자신의 능력의 한계를 잘 파악해서 역량을 집중할 필요가 있다. 즉 핵심역량을 잘 구축해야 한다. 그래야 원하는 바를 성취할 수 있고 이를 발판으로 뻗어나갈 수 있게 된다.

돋보기를 보라. 돋보기가 불을 집힐 수 있는 이유도 에너지를 한 곳에 집중하기 때문이다. 에너지는 항상 일정하게 보존되기 때문에 원하는 곳에 에너지를 모아 집중해서 사용하는 것이 좋다. 그런데 이 에너지를 나쁜 곳에 집중하면 나쁜 결과를 초래할 수 있으니 주의해야 한다.

여기 인디언 할아버지가 손자에게 들려준 재미있는 이야기가 있다.

어느 날 할아버지가 손자에게 말했다.

"우리 마음속엔 항상 두 마리의 늑대가 싸우고 있단다. 한 마리는 질투, 분노, 원망, 거짓 등을 먹고 사는 나쁜 늑대란다. 또 다른 한 마리는 사랑, 열정, 관용, 진실 등을 먹고 사는 착한 늑대란다. 너의 마음속에서도 이런 싸움은 항

 나는 슈퍼자기경영으로 인생을 송두리째 바꿨다

상 일어나고 있단다."

그러자 손자가 할아버지에게 대뜸 물었다.

"그럼 누가 이기나요?"

할아버지가 대답했다.

"네가 밥을 주는 쪽이 이긴단다."

인디언 할아버지의 말씀처럼 좋은 인맥이든 좋은 결과든 모든 것은 우리의 마음먹기에 달려 있다. 좋은 인맥, 좋은 결과를 원한다면 좋은 에너지와 열정을 좋게 쏟아야 한다. 우주는 정직하기에 또 에너지는 보존되기에 좋은 에너지는 좋은 결과를 나쁜 에너지는 나쁜 결과를 만든다. 정말 심플한 법칙이지만 사람들은 이를 망각하곤 한다. 절대 잊어버리면 안 된다.

혁신의 아이콘, 스티브 잡스(Steve Jobs)가 이렇게 말한 적이 있다. "진정으로 위대한 일을 하는 유일한 길은 자신이 하는 일을 사랑하는 것이다. 사랑하는 사람을 찾듯이, 사랑하는 일을 찾아라."

그렇다. 우리는 먼저 사랑하는 사람, 사랑하는 일에 집중해야 한다. 그래야 거기서 에너지가 응집되어 열정이 용솟음치며 좋은 인맥, 좋은 결과를 낳게 된다. 나아가 좋은 인맥, 좋은 결과는 먼 후일 위대한 인맥, 위대한 일로 세상에 빛나게 드러날 것이다.

● [열정 보존의 법칙] 이 법칙을 간략히 정리하면 다음과 같다.

구분	우주 법칙	평범한 인간 법칙
명칭	에너지 보존의 법칙 (The Law of Conservation of Energy)	열정 보존의 법칙 (The Law of Conservation of Passion)
내용	에너지는 발생하거나 소멸하는 일 없이 열, 전기, 자기, 빛, 역학적 에너지 등 서로 형태만 바뀌고 총량은 일정하다.	사람의 생각, 말 그리고 행동은 다양한 형태의 에너지 혹은 열정으로 드러나며 에너지 총량은 일정하게 보존되어 절대 사라지지 않는다.
사례	섭취된 음식물은 열로 변해서 몸을 움직이게 하는 역학적 에너지로 변하며 전체 에너지의 양은 그대로 보존된다.	우직하게 열심히 일한 사람은 언젠가 공적을 인정받으며, 자신이 뿌린 열정은 그대로 보존된다.

 나는 슈퍼자기경영으로 인생을 송두리째 바꿨다

● 세상과 인간관계를 움직이는 기본적인 틀

뉴턴은 만유인력의 법칙(혹은 중력의 법칙)을 통해 두 물체 사이에는 반드시 보이지 않는 힘이 작용한다고 밝혔다. 달과 지구, 지구와 태양 같은 거대한 질량을 가진 물체뿐만 아니라 현실 속에 존재하는 어떠한 두 물체 사이에도 분명 힘이 작용한다. 이 힘은 거리가 멀면 작아지고 질량의 크기에 따라 커진다. 또 뉴턴은 가속도의 법칙에서 힘은 질량과 가속도의 곱에 비례한다고 했다. 어쨌거나 분명 두 물체 사이에는 힘이 작용하게 된다.

그렇다면 사람은 어떤가? 당연히 사람도 예외일 수 없다. 힘이 다소 미세해서 우리가 미처 깨닫지 못할 뿐이지 사람들 사이에도 언제나 보이지 않는 힘이 작용한다. 이 힘은 지적 능력, 미모, 육체적인 파워, 권력, 돈, 명예 등 어떠한 형태로도 나타날 수 있다.

몇 가지 예를 들어보자. 강사가 청중 앞에서 강의를 할 때, 강사와 청중 사이에도 보이지 않는 힘이 작용한다. 연인 사이에도 밀당이라는 용어로 서로 간에 보이지 않는 힘이 작용함을 설명한다. 물건을 구매

할 때도 마찬가지다. 점원과 구매자 간에는 물건을 놓고 가격을 흥정할 때 보이지 않는 힘겨루기가 이뤄진다.

이러한 힘은 조직 생활에서 더 많이 경험하게 된다. 특히 경력 사원이 새로운 회사에 취직을 하게 되는 경우, 기존 직원들의 텃세와 보이지 않는 힘겨루기를 감내해야 한다. 새로운 인력을 받아들이기를 꺼리는 조직문화나 사람들이 포진하고 있는 경우, 힘겨루기에 대한 내공과 전략이 부재한다면 큰 낭패를 당할 수 있다.

한 방송 매체에서 재미있는 실험을 한 적이 있다. 노숙자를 대상으로 도둑질을 하는 장면을 연출한 것이다. 그런데 매력적인 한 여성이 대낮에 노숙자의 물건을 훔쳤을 때는 한 사람을 제외하고는 그 누구도 반응을 하지 않았다. 하지만 한 허름한 남자가 노숙자의 돈을 훔쳤을 때 목격자들은 남자를 질책하며 험악한 분위기를 만들었다. 이처럼 사람의 매력도 힘의 한 형태로 사람들의 행동에 직간접적인 영향을 미치는 것이다.

한때 '인터스텔라'라는 영화가 히트를 친 적이 있다. 이 영화에서는 중력에 따라 시간이 다르게 흐른다는 내용이 나온다. 중력이 센 행성에서는 시간이 느리게 가고 중력이 약한 곳에는 시간이 빨리 가게 된다. 또한 고속으로 움직이는 물체일수록 시간이 느리게 간다. 실제로 GPS 위성이 있는 곳은 지상보다 중력이 약해서 하루에 38마이크로세

    나는 슈퍼자기경영으로 인생을 송두리째 바꿨다

컨드(3,800만분의 1초) 정도 빨리 간다고 한다. 따라서 이를 보정해 주지 않으면 엉뚱한 곳을 가리키게 되어 낭패를 당할 수 있다.

이처럼 중력과 같은 힘은 시간과 공간조차도 왜곡시켜 버린다. 우리가 사는 현실에서 '힘이 곧 정의다'라는 말이 나오게 되는 배경이다. 결국 사람 사는 세상에서 제 구실을 하려면 힘을 길러야 한다. 물론 이 힘은 육체적 힘뿐만 아니라 지적능력 등 다양한 형태가 존재한다.

우리 모두 힘을 기르자. 단 편법은 쓰지 말자.

● 추락하는 것에는 날개가 있다

힘이 생기면 원하는 일도 할 수 있게 되고, 주변에 사람도 모이게 된다. 즉 힘에는 날개가 있다. 두 날개를 쭉 펴서 창공을 가르며 세상을 마음껏 구경할 수도 있다. 모두가 부러워하는 레드 카펫을 밟으며 마음껏 자신을 뽐낼 수도 있다. 그래서 너나 할 것 없이 돈, 명예, 권력을 얻기 위해 동분서주하는 것이다. 하지만 명심해야 한다. 날개가 있으면 추락도 할 수 있다는 것을. 과욕은 언제나 불운을 부른다.

사람의 욕심은 크게 네 가지로 구분할 수 있다. 정욕(情慾), 색욕(色慾),

탐욕(貪慾), 노욕(老慾)이 바로 그것이다. 정욕은 어린 시절 부모와 주변 사람들의 사랑을 독차지하며 생명을 유지하려는 욕심, 색욕은 보이는 것에 대해 집착하는 욕심, 탐욕은 돈, 명예, 권력 등을 자기 것으로 만들려는 욕심, 노욕은 인생을 잘 마무리해 이름을 남기려는 욕심 정도로 생각하면 되겠다.

사실 종교에서는 욕심을 끊으라고 말하지만 욕심을 끊으면 사람은 생존할 수가 없다. 욕심에 의해 생존하고 번식하고 번영하기 때문이다. 욕심을 채우면서 힘도 얻게 되는 것이다. 그런데 문제는 욕심을 과도하게 불법적으로 변칙적으로 채우는 것이다. 과도하며 불법적이고 변칙적인 욕심은 일시적으로 힘을 얻을 수는 있을지 모르지만 언제가 고름처럼 한 순간에 곪아 터질 수 있다.

날개가 부러지며 급격하게 추락하고 만다. 그래서 힘을 가졌을 때 살얼음판을 걷듯이 조심해야 한다. 갑갑한 힘이 되면 자신도 주변도 갑갑하게 만든다. 갑갑한 힘이 되지 말자. 그래야 언제든지 창공을 빛나게 날 수 있다.

송나라 유학자 정이천이 이야기한 세 가지 불행은 우리에게 많은 것을 생각하게 한다. 그 내용은, 첫째, 젊어서 높은 성적으로 과거에 급제하는 것, 둘째, 부모형제의 도움으로 높은 관직에 오르는 것, 셋째,

재주가 뛰어나 글쓰기를 잘 하는 것(少年登高科一不幸 席父兄之勢得美官二不幸 有高才能文章三不幸)이다.

행운이라고 생각한 것이 길게 보면 행운이 아닐 수도 있다는 것. 그래서 추락하는 것에는 날개가 있다.

● 틈새의 힘으로 나를 차별화 하라

하여튼 우주가 그렇듯 사람 사는 세상에 힘이 없으면 사람 노릇을 하기 힘들다. 그런데 힘을 기르는 데도 방법은 있다. 무작정 모든 힘을 기를 수는 없다. 또한 차별적이지 못하면 별로 도움이 안 될 수 있다. 차별적인 힘을 기르는 것이 중요하다. 이것은 곧 자신의 핵심역량이 된다. 혁심역량이 구축이 되면 그때부터 진정한 힘을 발휘하게 된다.

그렇다면 차별적인 힘은 어떻게 기를 수 있을까?

위키피디아에 번역되어 소개되고 있는 미국 시인 중 가장 순수한 고전적 시인으로 꼽히는 로버트 프로스트(Robert Frost)의 「가지 않은 길(The Road Not Taken)」이라는 아름다운 시를 한 번 감상해 보자.

단풍 든 숲 속에 두 갈래 길이 있더군요.

몸이 하나니 두 길을 다 가 볼 수는 없어

나는 서운한 마음으로 한참 서서

잣나무 숲 속으로 접어든 한쪽 길을

끝 간 데까지 바라보았습니다.

그러다가 또 하나의 길을 택했습니다. 먼저 길과 똑같이 아름답고,

아마 더 나은 듯도 했지요.

풀이 더 무성하고 사람을 부르는 듯했으니까요.

사람이 밟은 흔적은

먼저 길과 비슷하기는 했지만,

서리 내린 낙엽 위에는 아무 발자국도 없고

두 길은 그날 아침 똑같이 놓여 있었습니다.

아, 먼저 길은 한번 가면 어떤지 알고 있으니

다시 보기 어려우리라 여기면서도.

오랜 세월이 흐른 다음

나는 한숨지으며 이야기하겠지요.

"두 갈래 길이 숲 속으로 나 있었다, 그래서 나는―

사람이 덜 밟은 길을 택했고,

     나는 슈퍼자기경영으로 인생을 송두리째 바꿨다

그것이 내 운명을 바꾸어 놓았다."라고

프로스트는 이 시처럼 남들이 가지 않는 길을 감으로써 미국의 위대한 시인이 된다. 그는 케네디 대통령 취임식에 자작시를 낭송하는 등 미국의 계관시인적 존재였으며, 풀리처상을 4회나 수상했다.

남들이 가지 않는 길은 언뜻 보면 상당히 위험해 보인다. 길잡이도 없고 혼자 외롭게 가야 하기 때문이다. 하지만 현대는 수많은 사람들이 자신의 분야에서 자리를 잡고 있어 빈틈을 찾아 자신의 자리를 구축하기가 여간 어려운 일이 아니다. 한 마디로 말하면 경쟁이 너무 심한 것이다. 마치 요즘 공무원 되기가 하늘에 별 따기와 같은 것처럼 말이다.

반면 남들이 가지 않는 길은 새롭게 개척해야 하지만 경쟁이 별로 없다. 자신이 곧 선구자가 되고 개척자가 되며 세계 일인자가 되는 것이다. 이것이 바로 틈새의 힘이요, 핵심역량이 되는 것이다. 그래서 남들이 가지 않는 길을 갈 때 인생은 온통 빛나게 달라지는 것이다.

● **[힘의 법칙]** 이 법칙을 간략히 정리하면 다음과 같다.

구분	우주 법칙	평범한 인간 법칙
명칭	만유인력의 법칙 (Law of Universal Gravitation) 가속도의 법칙 (Law of Acceleration)	힘의 법칙 (The Law of Power)
내용	질량을 가진 모든 물체는 두 물체 사이에 질량의 곱에 비례하고 두 물체의 질점 사이 거리의 제곱에 반비례하는 인력이 작용한다. 운동하는 물체의 가속도는 힘이 작용하는 방향으로 일어나며, 그 힘의 크기에 비례한다.	모든 사람들은 두 사람 사이의 인간관계의 밀접성에 따라 힘이 작용한다. 또한 힘의 세기에 따라 결과도 달라진다.
사례	달과 지구 사이에는 인력이 작용해 밀물과 썰물이 생기게 한다. 공을 세게 차면 빠른 속도로 날아가고, 약하게 차면 천천히 날아간다.	힘은 세기에 따라 인생과 인간관계의 주도력을 좌우하며 원하는 바를 성취하게 한다.

● 작용이 있으면 반드시 반작용이 있다

작용반작용의 법칙은 또 어떤가? 우리는 '작용이 있으면 크기는 같고 방향이 반대인 반작용이 반드시 있다'는 것을 물리 시간에 배웠다. 비록 무생물인 책상이나 바위를 밀더라도 보이지 않는 반대 방향으로 작용하는 힘이 존재한다는 것이다.

뉴턴 당대에 누가 이 말을 믿었겠는가? 이를 이해하지 못한 사람들은 처음에 뉴턴을 미치광이 취급했다. 눈에 보이지도 않는 중력이 있다느니 반작용하는 힘이 있다고 주장하니 말이다. 우리는 보이는 것은 쉽게 믿는 반면 보이지 않으면 도통 믿지 않으려고 한다.

하지만 우리가 눈으로 볼 수 있는 가시광선 영역은 전자기파 전체 스펙트럼의 극히 일부에 지나지 못한다. 그 외 적외선과 자외선 영역이 대부분을 차지한다. 이들 영역은 우리 눈으로 볼 수 없다. 당연히 눈에 보이지 않는다고 존재하지 않는 것이 아니다. 분명 존재하지만 단지 우리가 직접 눈으로 보지 못할 뿐이라는 것을 절대 잊으면 안 된다. 모든 사물과 사건에는 이면이 존재하듯이 말이다. 어떻게 보면 보

이지 않는 영역은 보이는 영역이 좀 더 잘 드러나게끔 뒤에서 조연 역
할을 해 주는 정말 고마운 존재인 것이다.

아인슈타인의 상대성 이론도 마찬가지다. 상대성 이론이 처음 발표
되었을 때 그 어떤 저명한 과학자들조차도 이를 이해하지 못 해 믿으
려고 하지 않았다. 누가 눈에 보이지도 않는 시간공이 중력에 의해 휘
어진다느니 왜곡될 수 있다는 말을 믿겠는가? 유리도 아닌 것이 휘
어진다니 할 말 다 한 것이다. 하지만 수십 년이 흐른 후 이는 진실임
이 증명되었다.

보이지 않는 세계에서 흐르는 기, 에너지 흐름을 손끝에 바람이 스
치듯이 존재함을 절대 놓치지 말아야 한다. 그 속에 깨침도 깨달음도
있다. 세상을 보는 안목과 통찰력도, 미래를 재단하고 예측하는 능력
도 존재하게 된다.

나의 생각, 말 그리고 행동이 어떠한 반작용을 초래할지를 예측하고
재단할 수 있어야 한다. 지금 당장 반작용이 눈에 보이지 않는다고 마
음 가는대로 몸 가는대로 생각하고 말하고 행동해선 안 된다. 좋은 생
각, 좋은 말 그리고 좋은 행동을 했으면 좋은 반작용이 따라 오겠지만,
나쁜 생각, 나쁜 말 그리고 나쁜 행동은 언제나 나쁜 반작용을 초래하
게 된다. 눈앞에서 바로 반작용을 당하지 않는다면 후일 오히려 눈덩

이처럼 불어난 반작용을 받게 될 수도 있으니 조심해야 한다.

● 주고받기의 세상

작용과 반작용은 곧 주고받기다. 주는 대로 받는다는 의미다. 작용 반작용을 이용하는 운동 경기의 대표적인 것으로 유도가 있다. 유도는 상대방의 힘을 역이용해서 상대를 제압한다. 예를 들어 상대를 밀면 반작용으로 밀리지 않으려고 앞으로 몸이 쏠리게 된다. 이 힘을 역이용해 가볍게 상대를 쓰러뜨리는 것이다. 헤엄을 치면 앞으로 나가는 것도 같은 원리다.

태양과 지구, 지구와 달의 운동을 보라. 이들 사이에는 보이지 않는 구심력과 원심력이 작용하며 끊임없이 회전하고 있다. 구심력과 원심력도 어떻게 보면 또 다른 작용과 반작용인 것이다.

이러한 주고받기는 실생활에서도 매우 빈번하게 일어난다. 일명 기브앤테이크의 법칙이다. 고대 바빌로니아의 함무라비 법전에 쓰여 있는 '눈에는 눈, 이에는 이'도 이런 범주를 크게 벗어나지 않는다.

한때 나는 어려운 시절 한 마음씨 좋은 선배로부터 도움을 많이 받았다. 그런데 그렇게 한 번 도움을 받고 나니 마음속에 언제나 남아있는 것이 하나 있었다. 여건이 좋아지면 언제든지 보답을 해야 한다는 것이었다. 실제로 나는 여건이 좋아졌을 때 다시 찾아뵙고 인사드리며 고마운 마음을 전하기도 했다.

한 연구 결과에 의하면, 대다수의 사람들이 누군가에게 도움을 받은 경우, 실제로 사례를 했거나 아니면 언젠가 다시 보답할 것이라고 대답했다고 한다. 물론 누군가에게서 나쁜 일을 당했을 때도 마찬가지였다. 그런데 이는 동물도 예외일 수 없다. 동물도 우주 안에서 우주의 법칙에 따라 존재하기 때문이다.

어느 한 부대가 광산 탐사를 위해 중국 윈난성 서북부의 외딴 곳을 헤매고 있었다. 차가 눈길에 빠져 오고가도 못하고 있을 때 한 무리의 늑대가 나타났다. 늑대가 으르렁거리며 사람들을 위협했다. 그때 한 사람이 기지를 발휘에 먹을 것을 몽땅 늑대에게 던져줬다. 음식을 다 먹은 늑대는 갑자기 사라지더니 나뭇가지를 물고 나타나 자동차 뒷바퀴에 놓는 것이었다. 또 늑대들은 차 밑으로 들어가 눈을 치웠다. 그렇게 늑대의 도움으로 간신히 위기를 모면할 수 있었다. 무서운 늑대조차도 은혜에 보답을 한 것이었다.

뒷담화라는 말도 있다. 억울한 일을 당했을 때 앞에서는 직접적으로 상대를 비방하지 못하지만 뒤에서 그 우울한 심정을 마구 표출해 내는 것이다. 결국 이 모든 에너지를 합하면 제로섬이 되어 버린다.

페이스북의 창시자 저크버그의 성공 사례도 작용반작용의 법칙을 크게 벗어나지 않는다. 저크버그는 처음에 페이스북을 재미삼아 하버드대학교 내 사람들을 연결하기 위해 만들었다. 하지만 그는 해킹 사건으로 학교에서 재적당할 위기에 처한다. 이에 그는 학교가 자르기 전에 자발적으로 자퇴를 하게 된다. 결국 학교에서 잘린 거나 마찬가지 신세였다.

이 사건으로 그는 더욱더 열정적으로 페이스북을 통해 하버드대학교는 물론이고 글로벌 네트워크를 구축하고 싶은 강렬한 욕구가 솟구쳤을 것이다. 잘린 것에 대한 반작용으로 결국 전 세계를 연결시키며 세계적인 인물이 된다.

이런 경우도 있다. 영화 '바람의 파이터'의 주인공, 최배달을 다들 알 것이다. 이 영화를 보면 최배달이 무술을 잘 못하던 어린 시절, 일본 사람에게 치욕을 당한다. 이 사건, 즉 치욕이라는 작용은 최배달의 인생을 완전히 바꿔 놓는다. 그때부터 그는 무술 연마에 몰두한다. 급기야 오랜 세월이 흐른 후 극진 가라데를 창시하는 등 세계 최고의 무술 고수가 된다. 치욕이 영광으로 바뀐 것이다. 영광은 바로 치욕의 반작용인 셈이다.

● 세상에 좋은 것만 뿌리자

작용에 대해서 반드시 반작용이 있다는 것만 명심해도 세상살이는 훨씬 더 수월해질 수 있다. 눈에 보이지 않는다고 무시하면 안 된다. 남에게 나쁜 일을 했다면 언젠가 알지 못하는 사이 안 좋은 일이 일어날 수도 있기 때문이다. 생각, 말, 행동이 곧 운명이 된다는 것은 더도 덜도 없는 진실인 것이다.

농부가 봄에 씨앗을 뿌리는 것은 가을에 거둬드리기 위함이다. 뿌린 만큼 거두게 되는 이치를 믿기 때문이다. 만일 뿌린 만큼 거두지 못한다면 농부는 절대 농사를 짓지 않을 것이다.

인생이나 인간관계도 마찬가지다. 어떤 씨의 에너지를 뿌리고 다녔는지는 처음에는 누구도 모른다. 하지만 때가 되면 이는 자연스럽게 열매로 드러나게 된다. 열매가 부실하면 그것은 씨를 잘못 뿌린 것이다. 반면 열매가 실하면 씨를 올바르게 뿌린 것이다.

타인을 잘 대우하는 것은 곧 좋은 씨를 뿌리는 것이다. 추후에 좋은 열매를 얻게 될 터이니 이는 곧 자신을 잘 대우하는 것이다.

 나는 슈퍼자기경영으로 인생을 송두리째 바꿨다

● [기브앤테이크의 법칙] 이 법칙을 간략히 정리하면 다음과 같다.

구분	우주 법칙	평범한 인간 법칙
명칭	작용반작용의 법칙 (The Law of Action & Reaction)	기브앤테이크의 법칙 (The Law of Give & Take)
내용	한 물체가 다른 물체에 힘을 작용하면 다른 물체도 힘을 작용한 물체에 크기가 같고 방향이 반대인 힘을 작용한다.	베푼 만큼 되돌려 받는다.
사례	로켓이 가스를 분출하면(작용) 가스도 로켓을 밀어 올린다(반작용).	남을 잘 대우하는 사람은 자신도 잘 대우를 받게 된다. 또 주변에 사람도 모이고 하는 일도 잘 풀리게 된다.

● 관성이 지배하는 세상

관성의 법칙은 어떤가? 우주 공간에 물체를 덩그러니 두고서 약간의 힘을 가해 보라. 그렇다면 이 물체는 영원히 우주 공간을 유영한다. 또 버스가 급정거하거나 갑자기 앞으로 나아갈 때 사람의 몸이 한쪽으로 쏠리게 된다. 이른바 관성 때문이다. 관성이라는 말이 와 닿지 않는다면 '일관성'이라고 말로 바꾸면 쉽게 이해가 된다. 우주 안에 있는 모든 물체는 일관되게 운동하려는 경향이 있다는 것이다. 사람의 경우에는 이러한 관성은 습관으로 나타난다.

그래서 옛 사람이 이르기를 '세 살 버릇 여든까지 간다'고 하지 않았던가? 얼마나 습관이라는 관성이 무섭기에 태어날 때 형성된 습관이 죽을 때가지 유지된단 말인가? 그래서 습관을 조심해야 한다. 한 번 만들어진 습관은 좀처럼 바뀌지지 않느니 말이다. 정체불명의 관성이라는 놈이 착 달라붙어 있어서 웬만해서는 고치기가 어렵다.

당연히 좋은 습관이 몸과 마음에 베이도록 해야 한다. 그렇다면 관성이 붙어서 저절로 일이 되는 것이다. 나쁜 습관에 매몰되는 일은 절대 없어야 한다.

● 환골탈태

좋은 습관은 좋은 결과를 가져오고, 나쁜 습관은 나쁜 결과를 가져오는 것은 매우 당연한 일이다. 열심히 일하고, 운동하고, 좋은 사람들을 사귀며 즐겁게 사는 좋은 습관은 성공에 이르게 한다.

하지만 누군들 좋은 습관을 가지길 소원하지 않겠는가? 나쁜 습관인 줄 알면서도 관성이 붙어서 거기서 좀처럼 빠져 나오지 못하는 것이다. 일을 게을리 하고, 몸에 좋지 않는 것을 가까이 하고, 나쁜 사람인줄 알면서도 벗어나지 못하니 인생은 자꾸만 꼬여 가는 것이다.

그렇다면 어떻게 이러한 나쁜 습관을 청산할 수 있을까? 우주를 다시 한 번 보자. 관성의 법칙에 의하면 관성은 외부의 압력이 가해졌을 때 비로소 깨진다. 나쁜 습관도 누군가에 의해서 충격을 받지 않으면 계속 그 방향을 견지하며 원하지 않는 쪽으로 계속 흘러가게 된다.

성공한 사람들 중에는 특별한 계기가 있는 사람이 많다. 흘러가는 대로 마음 가는 대로 살다가 어느 순간 누군가에게 심한 모욕을 당한다. 이 모욕은 그동안 그가 살아왔던 모든 나쁜 관성을 일시에 깨뜨려

버린다. 그리곤 다시 분발하는 마음으로 묵은 습관을 깨고 나와 새로운 삶을 사는 것이다. 그래서 지나고 보면 알게 된다. 나에게 심한 충격을 준 사람이 나를 새사람으로 만든 은인이라는 것을.

옛날 한신은 그저 동네 양아치였다. 옆구리에 칼을 차고 다니며 폼만 잡으며 한량처럼 살았다. 그러다가 이를 아니 꼽게 여긴 동네 깡패의 가랑이 사이를 기는 굴욕을 당한다. 그때서야 그동안 몸에 베인 나쁜 습관이 일소에 방향을 전환하며 완전히 다른 사람으로 거듭난다. 한동안 복수심에 잠을 못 이루었을 것이다. 그 이후 크게 분발한 한신은 굴욕을 씻어내기 위해 안간힘을 다한다. 결국 그는 천하 명장이라는 영광을 안게 된다.

후일 명장이 된 한신은 자신에게 치욕을 안긴 동네 깡패를 찾아간다. 여기서 우리는 이 일을 그냥 지나치면 큰 깨달음이 없다. 한신이 수십 년이 지난 후에 깡패를 다시 찾아갔다는 것은 한시도 그 옛날 사건을 잊지 않았다는 뜻이다. 앞에서 살펴보았던 에너지 보존의 법칙에 명장 한신도 예외가 아니었던 것이다. 하여튼 깡패를 다시 찾은 한신은 그에게 벌이 아닌 상을 내린다. 왜 그랬을까? 처음에는 몰랐지만 나중에 알게 된 것이다. 그가 바로 자신을 영광의 길로 인도한 은인이었다는 것을.

외부의 극한 압력으로 묵은 습관을 일시에 깨며 새로운 사람으로 다시 태어난다는 것은 어쩌면 복이다. 하지만 외부의 압력을 줄 사람이 없다면 어떻게 해야 할까? 스스로의 힘으로 바꿀 수밖에 없다. 누에처럼 말이다. 누에는 뽕잎을 잔뜩 먹고 자라다가 어느 순간 고치를 만든다. 그러곤 그 속으로 몸을 숨긴다. 오랜 후에 누에는 코치를 깨고 나온다. 그런데 그 모습이 예전과 사뭇 다르다. 기어 다니던 누에의 몸에 날개가 달린 것이다. 누에는 그 날개로 창공을 휘휘 가른다. 이른바 환골탈태한 것이다.

만일 새롭게 태어나길 원한다면 누에처럼 살아야 한다. 완전히 탈바꿈하기 위해 자신만의 코치를 만들어라. 그 속에서 오랜 시간 힘을 축적한 후 비로소 세상에 모습을 드러내라. 그렇다면 완전히 새로운 나를 발견하게 될 것이다.

한 시대를 풍미한 종교가, 철학가, 과학자, 경영자들 대부분이 이런 식으로 나를 바꿈으로써 세상을 바꾼 위인이 되었던 것이다.

● 인간관계와 인생의 가속 페달을 밟아라

미국의 저명한 심리학자인 윌리엄 제임스는 "생각을 조심하라. 왜냐하면 그것은 말이 되기 때문이다. 말을 조심하라. 왜냐하면 그것은 행동이 되기 때문이다. 행동을 조심하라. 왜냐하면 그것은 습관이 되기 때문이다. 습관을 조심하라. 왜냐하면 그것은 인격이 되기 때문이다. 인격을 조심하라. 왜냐하면 그것은 인생이 되기 때문이다"라고 말했다.

그의 말대로 모든 것의 출발점은 생각이다. 내가 어떤 생각을 가지느냐에 따라 결과가 결정된다. 생각은 곧 씨앗이다. 콩 심은 데 콩 나고 팥 심은 데 팥이 나는 것은 우주의 법칙이다. 그런데 사람들은 간혹 콩을 심어 놓고선 팥을 원하고 팥을 심어 놓고선 콩을 원하기도 한다. 이치를 벗어나도 한참을 벗어났다. 세상과 우주를 움직이는 것은 법칙이요, 이치다. 법칙과 이치가 무너지면 우주도 세상도 존재할 수 없다.

생각을 바르게 하자. 바른 생각의 에너지가 모이면 바른 습관이 되어 바른 결과를 낳게 되고 주변에 바른 사람들이 또한 모일 것이다. 좋은 사람을 만나는 가장 좋은 방법은 스스로가 좋은 사람이 되는 것이다. 그럼 주변의 좋은 사람들이 하나둘씩 함께 할 것이다.

이는 멋진 인생과 좋은 인간관계의 페달을 가속시켜 완전히 다른 나로 만들어 줄 것이다.

● [습관의 법칙] 이 법칙을 간략히 정리하면 다음과 같다.

구분	우주 법칙	평범한 인간 법칙
명칭	관성의 법칙 (The Law of Inertia)	습관의 법칙 (The Law of Habit)
내용	외부에서 힘이 작용하지 않는 한 운동하는 물체는 계속 그 상태로 운동하려고 하고, 정지한 물체는 계속 정지해 있으려고 한다.	한 번 굳어진 습관이나 선입견은 좀처럼 바뀌지 않는다.
사례	달리던 버스가 급정거하면 승객들의 몸이 앞으로 쏠린다. 반대로 정지해 있던 버스가 갑자기 출발하면 승객들의 몸이 뒤로 밀린다.	공부, 일, 인간관계 등에 열정을 쏟는 사람은 계속 이에 몰입하게 된다. 반면 한 번 나쁜 습관에 빠진 사람은 거기서 좀처럼 헤어 나오지 못한다.

위대한 1%의 인간관계 법칙

그런데, 만일 에너지가 보존만 되어 새로운 에너지가 창조되지 못하고, 오로지 힘이 지배하고, 눈에는 눈 이에는 이라는 식으로 반응하고, 한 번 박힌 습관의 타성에 젖게 된다면 이 얼마나 무미건조하고 살벌한 우주인가? 이러한 우주에서 별 탈 없이 과연 삶을 영위할 수 있을까? 이는 우리가 원하는 우주의 모습이 아니지 않을까?

잠시 하던 일을 멈추고 교외로 나가 밤하늘을 쳐다보자. 그렇다. 낮에는 전혀 그 모습을 드러내지 않던 너무도 아름다운 별빛이 쏟아지는 우주를 발견하고는 한동안 말을 잊을 것이다. 우리가 알던 모르던 우주는 아름다운 모습 그대로 그 자리에 언제나 있었던 것이다.

아득히 먼 날 한 점에서 시작한 우주는 중력을 비롯한 우주의 모든 법칙을 이겨내며 끝없이 성장한 결과 오늘날과 같은 아름다운 실체를 드러내고 있다.

과학자들은 이를 반중력(Antigravity)이라는 이름으로 설명한다. 반중력은 중력에 역하는 중력과는 비교도 안 될 만큼 강력하며 어마어마한 위대한 힘이다. 바로 이러한 반중력에 위대함이 있다. 그 속에 또한 생명의 싹틈이 존재한다.

즉 우주가 평범함을 거부하며 위대함을 향해 끊임없이 전진해 왔듯이, 이에 상응해 우리 인간도 그 위대한 여정을 함께 했던 것이다. 다음의 법칙과 같이 평범함을 거부하며 말이다.

우주 법칙	위대한 인간 법칙
에너지 보존의 법칙 (The Law of Conservation of Energy)	열정 창조의 법칙 (The Law of Creation of Passion)
만유인력의 법칙 (Law of Universal Gravitation) 가속도의 법칙 (Law of Acceleration)	평화의 법칙 (The Law of Peace)
작용반작용의 법칙 (The Law of Action & Reaction)	기브앤포겟의 법칙 (The Law of Give & Forget)
관성의 법칙 (The Law of Inertia)	혁신의 법칙 (The Law of Innovation)

자, 이제 평범한 99%의 인간관계에서 위대한 1%의 인간관계로의 빛나는 항해를 떠나보자.

캐나다 토론토 출신의 스펜서 웨스트라는 사나이가 있었다. 웨스트는 하반신이 없다. 태어날 때부터 희귀병인 천골발육부전증으로 5살 때 두 다리를 절단했다. 그는 하반신이 없음에도 불구하고 킬리만자로산 등반에 나서 손가락과 어깨 등의 극심한 통증을 이겨내며 7일 만에 정상에 오른다. 물론 킬리만자로 등정을 위해 그는 1년 정도 친구들과 함께 훈련했다고 한다.

그는 "다른 사람들에게 불가능은 없다는 믿음을 주고 싶어서 킬리만자로산 등반에 도전했다"고 말했다. 그가 태어났을 때 의사는 정상적으로 살기 힘들 것이라고 말했지만 좌절은커녕 오히려 더 분발해서 현재는 동기부여가로 열심히 활동하고 있다.

그는 없는 다리 대신 있는 손가락만으로 5,895m의 산을 오른 열정으로 똘똘 뭉친 진정한 사나이였던 것이다. 이처럼 열정은 세상에 없는 것도 새롭게 만들어 내는 어마어마한 에너지가 있다. 이것이 바로 생명의 위대함이 아니고 무엇이겠는가?

우리가 익히 알고 있는 모든 과학자, 철학자, 종교가들은 세상에 없든 새로운 것을 만들어 낸 위대한 사람들이다. 뉴턴, 아인슈타인이 그렇다. 그들은 세상에 없던 새로운 법칙을 내놓으며 세상을 빛나게 바꿨다. 소크라테스, 플라톤, 복희, 문왕 등 동서양의 위대한 철학자들은 세상과 우주의 이치를 밝혀 줌으로써 또한 문명을 개화시켰다. 예수, 공자, 석가, 노자 등은 또 어떤가? 그들은 사람이 마땅히 걸어야 할 길을 제시해 줌으로써 인류를 밝히지 않았던가? 근대의 에디슨은 전기를 발명함으로써 어두운 세상을 밝혔다. 현대의 스티브 잡스 같은 기업인은 아이폰, 아이패드 등 세상에 없던 혁신적인 제품을 내놓으며 세상을 보다 편리하게 만드는 데 이바지했다.

이처럼 창조는 위대하다. 세상에 없던 것을 새롭게 창조하는 길은 멀고 험하지만 오직 열정과 함께 한다면 불가능하지도 않다.

세상에 없던 새로운 것을 창조할 때 열정은 비로소 빛이 난다. 그리고 그 열정은 위대하다. 또한 진심어린 마음으로 원하고 갈구한다면 누구나 위대해질 수 있다. 스펜서 웨스트가 이를 잘 말해 주고 있다.

<평화의 법칙>

칸트에 따르면 이 세계 내와 이 세계 밖에서 조차도 유일하게 그 자체로 제한 없이 선하다고 생각되어질 수 있는 것을 선의지라고 했다.

인간과 동물을 구별하는 것은 다름 아닌 바로 이 선의지라는 것이다. 혹자는 인류의 역사를 피의 목욕탕이라고 한다. 한 마디로 역사 이래 줄곧 죽고 죽이며 싸움박질만 한 동물이 바로 인간이라는 것이다. 실제로 인간의 역사를 살펴보면 금수(禽獸)보다 못하지 않았는가라고 회의를 품을 수도 있다.

그렇다면 진실로 만물의 영장이라고 일컬어지는 인간이 금수보다 못하단 말인가?

마하트마 간디를 모르는 사람은 아마 없을 것이다. 그는 비폭력, 무저항 운동으로 평화의 상징이 되었고, 인도 독립의 아버지로 추앙받는다. 그는 식민 통치와 인종 차별이라는 거대한 폭압적 힘에 비폭력, 무저항이라는 평화적 운동으로 인도 독립을 이끌었다. 인도의 대문호 타고르는 그를 '위대한 영혼'이라고 칭송했다. 현재까지도 간디의 이러한 정신은 인류에게 큰 귀감이 되고 있다.

간디처럼 우리들 마음속에는 누구나 힘보다는 평화를 사랑하는 선의지가 분명 존재한다. 다만 암울한 현실이라는 그늘에 가려져 이를 못 볼 뿐이다. 이제는 그 거대한 에너지를 과감하게 끄집어내어 가슴속에서 활활 타오르게 해야 한다.

맹자는 "무력을 사용하면서 인을 실천하는 것처럼 가장하는 패도정치는 영원할 수 없다"라고 말하며, 마땅히 군자는 왕도, 즉 덕치(德治)를 해야 한다고 역설했다. 덕치는 곧 평화다.

폭압적 힘은 일시적이고, 평화는 영원한 힘이다. 우리 모두 영원한 평화의 힘을 숭상하자. 위대함을 향해.

오랫동안 우리에게 잘 알려지지 않은 억만장자 척 피니(Chuck Feeney)라는 인물이 있다. 그는 전 재산의 99%인 몇십조 원에 달하는 돈을 기부해 자산 대비 기부 비율에서 워런 버핏, 빌 게이츠를 제치고 세계 1위를 기록했다.

이러한 기부 사실도 면세점 매각 문제로 법정 분쟁에 휘말려 조사를 받게 되는 과정에서 비밀 회계장부가 발각돼 드러나게 되었다. 그 전까지 사람들은 척 피니를 돈만 밝히는 자린고비 같은 사람이라고만 생각했다. 왜냐하면 조그만 비용도 깎으려 하고, 모임에서도 항상 자리를 먼저 뜨며 돈을 잘 쓰지 않았기 때문이었다.

하지만 그는 평생 동안 몰래 전 재산에 가까운 돈을 기부해 옴으로써 사람들을 놀라게 했다. 비밀리에 아틀랜틱 기부 재단을 설립한 후 미국, 쿠바, 베트남, 필리핀 등의 나라에 의료, 교육 지원을 아끼지 않았던 것이다. 하지만 사람들은 이 사실을 전혀 모르고 있었다. 이는 '선행을 드러내지 말라'는 어머니의 영향이 컸다고 한다.

왜 이렇게 열심히 기부를 하느냐는 질문에 그는 이렇게 대답했다. "내가 필요한 것보다 많은 돈이 생겼기 때문이다."

아직도 그는 차도 없이 임대 아파트에 살고 있으며, 비행기도 이코노미 클래스를 고집하고, 싸구려 시계를 차고 다니며 항상 검소하게 살고 있다.

칸트는 의지에 주어지는 모든 명령은 가언 명령(假言命令)과 정언 명령(定言命令)의 두 가지 종류로 구분할 수 있다고 주장했다. 가언 명령이 뭔가를 되돌려 받기를 바라며 하는 명령이라면 정언 명령은 무조건적인 명령으로 행위의 결과나 목적과 관계없이 선의지에 따라 행위 그 자체에 가치를 두는 명령이다. 한 마디로 정언 명령은 행위를 함에 뭔가를 바라지 않고 하는 것을 말한다.

척 피니가 바로 정언 명령에 따라 살고 있는 대표적인 인물이다. 그

    나는 슈퍼자기경영으로 인생을 송두리째 바꿨다

무엇도 바라지 않고 주고 또 주고 잊어버린다는 것에는 아름다움이 내재해 있다. 이 아름다움은 영원하다. 빛이 난다. 스스로 밝게.

우리 모두 주고 또 주고 과감하게 잊어버리자.

<혁신의 법칙>

사람들은 관성으로 인해 여간해서 기존의 묵은 습관을 벗어나기 힘들다. 그 습관이 좋던 나쁘던 매 한가지다. 좋은 습관도 일생이라는 큰 흐름에서 보면 언젠가 좋지 못한 방향으로 틀어질 수도 있으니 항상 경계를 해야 한다.

기업을 예로 들어 보자. 기업이 좋은 기업에서 위대한 기업으로 도약하지 못하는 것도 기존의 관습에 과도하게 얽매이고 있기 때문이다. 혹은 위대한 기업이 되었다가도 얼마 가지 못해 망하는 경우도 마찬가지다.

벨이 발명한 전화기의 혁신성을 무시해 망한 웨스트 유니온이 그렇고, 아날로그 필름 기술에 매달려 디지털 카메라 앞에 무릎을 꿇은 코닥이 그렇다. 좋은 습관이든 관습이든 영원히 좋을 수가 없는 법이다.

하물며 나쁜 습관과 관습은 말해서 무엇 하겠는가?

이황 선생이 활동하던 시절 경상우도에는 영남학파의 거두 남명 조식 선생이 있었다. 우리는 선생을 경(敬)과 의(義)의 선비 정신을 실천한 처사라고 부른다. 즉 경과 의는 조식 선생의 학문과 실천의 좌우명이자 지표였다.

이러한 경과 의는 주역의 "군자는 경으로써 안을 곧게 하고, 의로써 바깥을 바르게 한다"는 말에서 유래한 것이다. 성찰을 중시한 선생은 평소 성성자(惺惺子)란 방울을 옷에 달고 다니며, 방울 소리를 들을 때마다 스스로를 깨우치고 반성했다고 한다. 또 경의검(敬義劍)이라는 칼을 차고 다녔는데, 칼에 '안에서 밝히는 것은 경이요, 밖에서 결단하는 것은 의다(內明者敬 外斷者義)'라는 문구를 새겨 넣었다. 성성자와 경의검은 한 치의 흐트러짐 없는 절개와 매 순간 스스로를 깨우치려는 선비 정신의 발로인 것이다.

한 평생 모든 것을 바쳐 나라를 구한 이순신 장군은 또 어떤가? 장군은 왜란 중에서 거의 매일 일기를 썼다. 이를 통해 흐트러지는 자신을 경계하고, 쓰러지면 일으켜 세우기를 반복하며 모든 것을 걸고 전쟁에 임했다. 결국 23전 23승이라는 경이적인 기록을 만들며 나라를 구한 영웅이 되었다.

율곡 이이 선생도 젊은 시절 자경문(自警文)을 써서 흐트러지는 자신을 매우 경계했다. 평생의 업을 성인(聖人)이 되는 것을 목표로 삼으며 일신우일신(日新又日新) 했던 것이다. 구도장원공은 그냥 이뤄진 것이 아니다. 매일 새로워지려는 생활 습관의 결과물이다.

좋은 습관이라도 이에 얽매이지 않으며, 스스로 자신을 혁신하고 매일 새로워지는 것이야말로 위대한 습관이다. 우리 모두 매일 새로워지자.

위대한 1% 절대 꿈이 아니다

마더 테레사 수녀님은 1928년 수녀가 된 뒤 1948년 '사랑의 선교수녀회'를 창설해 가난하고 굶주리고 병들고 헐벗은 사람들을 위해 평생을 헌신했다. 이러한 수녀님의 공로를 세상이 인정해 1979년 노벨평화상을 받았으며, 2003년에는 복자로, 2016년에는 성인으로 추대됐다.

이처럼 마더 테레사 수녀님은 원래 평범한 사람이었지만, 어느 누구도 몸을 낮춰 굽어보기를 꺼리던 아래로부터의 헌신을 통해 위대한 성인이 된 것이다.

여기 수녀님이 평소 좋아하던 「그럼에도 불구하고(anyway)」라는 시가 있다.

사람들은 종종 불합리하고, 비논리적이며, 자기중심적이다.
그래도 그들을 용서하라.
네가 만일 친절하다면 사람들은 네게 불순한 의도가 있다고 비난할 것이다.
그래도 친절을 베풀라.
네가 만일 정직하고 성실하다면 사람들은 너를 속일 것이다.
그래도 정직하고 성실하라.
네가 몇 년에 걸쳐 창조한 것을 누군가는 하루아침에 부숴버릴 수도 있다.

그래도 창조하라.

네가 오늘 선을 실천하더라도 내일이면 잊힐지도 모른다.

그래도 선을 실천하라.

네가 가진 최고의 것을 주라, 물론 그것은 결코 충분하지 않을 것이다.

그래도 최고의 것을 주라.

이 짧은 시 구절은 우리에게 많은 것을 시사한다. 어떻게 하면 위대해지는지를 너무도 잘 나타내고 있다. 가진 것에 만족하는 것이 아닌 새로운 것을 창조하고, 폭압적 힘이 아닌 평화를 주장하고, 받을 것을 생각하고 주는 것이 아니라 무조건적으로 베푸는 정언 명령에 따르고, 매일 새로워지며 혁신하는 것에 위대함이 있다.

아침에 일어나 이불을 개는 등 주변의 작은 것부터 우선 실천하자. 이를 통해 조금씩 자신을 혁신하며 매일 새로워지자. 이러한 좋은 습관은 나비 효과를 일으키며 언젠가 완전히 새로운 나를 만들어 낼 것이다. 이는 거대한 에너지를 형성하며 세상에 없던 새로운 것도 창조하며 사람들의 보다 나은 삶에 이바지할 것이다. 서로 베풀며 서로 보듬는 세상을 위해 함께 하자. 그렇다면 아름답고 풍요로우며 평화로운 세상은 꿈이 아닌 현실이 될 것이다.

우리 모두 함께 망설이지 말고 과감하게 지금 당장 실천하자. 위대한 1% 절대 꿈이 아니다.

삶 그리고 여행

- 본래 -

나는 너.

너는 나.

우리는 본래 하나.

다름의 틈새로

같음을 채운다면

돌무더기조차 무너지지 않는 공든 탑이 된다.

아무 것도 바꾸지 않으면 아무 것도 변하지 않는다.

토니 로빈스

나는
슈퍼자기경영으로
인생을
송두리째 바꿨다

제5부

세상을 빛나게 바꾸는 슈퍼자기경영

사람들은 세상을 바꾼다는 것을 너무 거창하게만 생각해 평범한 사람들은 그러한 일과 매우 동떨어져 있다고 여기는 경향이 있다. 하지만 단연코 그렇지 않다.

페이스북 창업자 저커버그는 2017년 하버드 졸업식에서 축사를 했다. 그때 그는 이런 이야기를 후배들에게 들려준다.

캐네디 전 대통령이 나사를 방문했을 때 빗자루를 들고 가는 수위에게 뭘 하느냐고 물었다.
그때 수위는 이렇게 대답했다.

"대통령님, 저는 인간을 달에 보내는 일을 돕고 있습니다."

이 얼마나 멋진 대답인가? 수위는 단순한 청소부가 아니었던 것이다. 그는 매일 아침 청소를 하면서 인간을 달나라에 보내는 꿈을 꿨던 것이다. 그리고 이는 곧 현실이 되었다.

세상을 보는 혁신적인 마인드

나사의 청소부처럼 누구나 삶의 자세와 마음만 바꾼다면 세상을 바꾸는 주인공도 될 수 있다. 즉 자신의 삶을 어떻게 대하고 어떠한 마인드 셋을 가질 것인가가 매우 중요하다.

우선 우리는 세상을 보는 안목을 글로벌 차원으로 넓혀야 한다. 지구촌이라는 말처럼 이제 지구는 진실로 하나의 마을이다. 오래 전 실패로 끝난 초음속 여객기 콩코드를 능가하는 새로운 여객기가 곧 상용화되면 아침에 뉴욕을 출발해 런던에서 점심을 먹고 일을 다 본 후 다시 뉴욕으로 돌아와 가족과 함께 저녁 식사를 할 수 있게 된다. 또 나비효과처럼 뉴욕 등 여타 도시에서 일어난 일이 바로 당일 런던 등 세계 곳곳에 실시간으로 영향을 미치는 세상이다.

이런 세상에 먹고 살기 급급해 정치, 경제, 사회, 문화 등 다방면에서 전 세계가 어떻게 흘러가고 있는지를 놓친다면 큰 낭패를 볼 수 있다. 소운은 항상 대운에 묻히는 법이다. 전 지구적 관점에서 먼저 세상의 흐름을 파악하고, 국내 동향, 그리고 자신이 속한 조직 상황을 순차적으로 파악해야 한다.

세상을 보는 관점

이를 바탕으로 나는 어떻게 행동해야 하는지를 가늠해야 한다. 그래야만 급변하는 세상에서 살아남을 수 있고 또한 스스로의 삶을 개척할 수도 있게 된다.

그렇다면 우리는 어떤 마인드를 가져야 할까?

그 옛날 굳게 닫혀 있던 세계는 완전히 열린 세상으로 바뀌었다. 닫힌 마인드는 고립을 자초하는 반면 열린 마인드는 민족, 인종, 종교를 초월해 세상을 품에 안게 한다. 4차 산업혁명의 시대가 도래하면서 모방은 더 이상 의미가 없어지고 있다. 빅데이터로 무장한 로봇은 상상을 초월하는 능력으로 인간이 기존해 왔던 것 이상을 실행한다. 모방

 나는 슈퍼자기경영으로 인생을 송두리째 바꿨다

으로는 인간이 더 이상 설 자리는 없다. 로봇이 흉내 낼 수 없는 전혀 새로운 것이 아니면 의미가 없어지고 있다. 따라서 창조적 마인드는 이제 생존의 필수 조건이다.

오늘날은 각종 SNS 등의 도움으로 전 세계가 하나로 연결되었다. 이제 핸드폰 하나만 가지고 있으면 전 세계에서 일어나는 일을 실시간으로 알 수 있고 누구와도 소통이 가능한 시대다. 따라서 적극적으로 전 세계의 누구와도 소통하고 협력해 나가야 한다.

한때 우리나라는 캐치업(Catch-up) 전략을 바탕으로 선진국이 제시한 길을 그대도 모방하며 걸어와 지금에 이르렀다. 그런데 이제는 그 누구도 가야 할 길을 제시해 주지 않는다. 어느 길이 맞는지 모르는 상황에서 우리 스스로 길을 만들어야 한다. 당연히 선도적 마인드를 가져야 한다.

거기다가 거짓과 잔머리가 아닌 깨끗하며 청렴한 마인드라야 지속 가능한다. 거짓과 잔머리로 성공한다고 한들 절대 오래 갈 수 없다. 무엇이 지속 가능하게 하는지 널 유념해야 한다.

Open Mind: 열린 마인드

Creative Mind: 창조적 마인드

Networking Mind: 소통의 마인드

Leading Mind: 선도적 마인드

Moral Mind: 도덕적 마인드

〈세상을 바꾸는 글로벌 리더의 마인드 셋〉

 나는 슈퍼자기경영으로 인생을 송두리째 바꿨다

창조적 파괴와 미래 트렌드

경제학자 조셉 슘페터는 기술의 발달에 따라 경제가 얼마나 잘 적응해 나가는지를 설명하기 위해 '창조적 파괴(Creative Destruction)'라는 개념을 제시했다. 즉 기술혁신은 낡은 것을 도태시키고 그 자리를 새롭고 혁신적인 것으로 대체함으로써 창조적 파괴를 일으킨다는 것이다.

증기기관에 의한 1차 산업혁명 이후 기술은 세상을 기하급수적으로 변모시켜 왔다. 기술에 의한 창조적 파괴 현상은 지금도 세계 도처에서 일어나고 있다. 단지 우리는 변화의 원동력이 무엇인지 미처 깨닫지 못하고 있을 뿐이다. 이러한 변화는 메가 트렌드를 형성하며 한층 그 속도에 속도를 더하고 있다.

정치적 측면을 살펴보자. 이미 거의 모든 분야에서 아시아로 힘이 이동하고 있다. 이러한 틈바구니 속에서 G2로 대변되는 미국, 중국은 보이지 않는 힘겨루기를 하며 전 세계의 패권을 노리고 있다.

경제적 측면을 살펴보면, 1997년 아시아 외환위기와 2007년 미국발 세계 금융위기는 새로운 신경제이론의 필요성을 대두시켰다. 또한

도시와의 진전과 더불어 국경이 허물어지는 세계화와 지방이 경제활
동의 중심이 되는 지방화 추세가 동시에 일어나면서 글로컬리제이션
이 대세를 이루고 있다. 나아가 2016년 세계경제포럼에서 4차 산업혁
명 시대의 도래를 선언하면서 4차 산업혁명 시대를 목전에 두고 있다.

환경적 측면을 살펴보면, 전지구적 환경 파괴, 각종 자연 재해의 빈
발과 슈퍼박테리아 등에 의한 질병 확산으로 친환경 제품과 서비스가
인기를 끌고 있다. 이산화탄소에 의한 지구 온난화는 어제 오늘의 일
이 아니다. 이러한 현실에 대한 대안을 모색하기 위해 신생태주의가
대두되고 있다.

사회문화적 측면을 살펴보면, 부의 양극화 현상은 해결될 기미를 보
이지 않고 있다. 글로벌 경제와 국내 경기가 침체기에 접어들면서 빈
곤 계층이 확산되고 실업자가 양산되고 있는 실정이다. 한편으로는 탈
권위주의적 상생의 시대가 도래하고 있으며, 동시에 여성화, 개인화,
고령화, 초연결사회로 급변하고 있다.

현실이 된 4차 산업혁명

● 산업혁명이란?

일반적으로 산업혁명은 18세기 중엽 증기기관의 발명으로 촉발된 기술혁신과 이에 따른 사회경제적 구조의 변혁을 말한다. 그런데 이러한 산업혁명도 1차, 2차, 3차, 4차로 나눌 수 있다. 우리가 흔히 말하는 산업혁명은 1차 산업혁명을 말하며, 이 1차 산업혁명의 영향으로 세계는 농업중심사회에서 공업사회로 이행된다. 1차 산업혁명은 기계혁명을 촉발시켰고, 이에 따라 영국, 독일을 비롯한 유럽이 급부상한다. 2차 산업혁명은 1900년대 에디슨이 전기를 발명하며 촉발된다. 전기는 자동차, 항공기 등의 대량 생산을 가능케 했고, 석탄에서 석유로의 에너지 혁명으로 이어진다. 3차 산업혁명은 디지털 기술에 의한 IT혁명을 촉발시켰고, 인터넷, 신소재, 제약 산업이 부상했다. 한편 4차 산업혁명은 인공지능과 빅데이터에 의해 촉발될 가까운 미래다.

우리가 여기서 간과하지 말아야 할 점이 있다. 산업혁명이 일어나면 항상 뜨는 곳과 지는 곳이 있게 된다는 것이다. 즉 산업혁명을 주도하는 곳에는 기회, 미처 이를 대비하지 못한 곳은 위기를 맞게 된다.

실제로 1차 산업혁명으로 유럽은 부상한 반면, 시대에 뒤쳐져 있던 동양은 서양 열강 제국주의 제물이 되어 지구상에서 완전히 사라질 뻔한 위기를 맞았다. 2차 산업혁명이 일어나면서 세계는 한 번도 경험하지 못한 1차, 2차 세계대전을 맞닥뜨리게 된다. 프롤레타리아와 부르주아라는 신흥 계급을 출몰시키며 부의 양극화를 초래했고, 공산주의와 자본주의로 세상을 갈라놓았다. 3차 산업혁명의 경우, 새로운 혁신적인 기술인 디지털은 아날로고의 종말을 고하게 만들었다.

그렇다면 4차 산업혁명은 어떤가?

그렇다. 가까운 미래에 인간이 만든 인공지능 로봇은 거의 모든 분야에서 인류를 대신할 것이다. 이에 따라 인류가 담당해야 할 일자리는 한 순간에 사라질지도 모른다. 즉 4차 산업혁명은 그 누구도 예외 없이 인류 모두의 앞날 그리고 운명과 직결되어 있다.

● **주도 기술**

4차 산업혁명을 주도하는 기술은 크게 물리학, 디지털, 생물학의 세 가지로 나눌 수 있다. 먼저 물리학 분야를 보자. 자율주행차, 드론, 항공기 등 무인운송수단, 자동차, 항공우주, 의료산업에 이용되는 3D 프린팅, 인간과 기계의 협업을 가능케 하는 첨단 로봇공학, 더욱 가볍고 강하고 재생가능하며 높은 적응성을 가진 그래핀 같은 신소재 등이 있다.

자율주행차는 곧 상용화 될 전망이다. 자율주행차가 상용화되면 상상조차 못한 일이 생길지도 모른다. 먼 후일 사람들은 분명 이렇게 회고할지도 모른다.

'사람들이 직접 차를 운전하던 시대도 있었군'이라며 말이다.

한편 드론 분야는 중국의 DJI사 가장 앞서가고 있다. 이 드론은 택배는 물론 농업, 군사 등 다양한 분야에서 사용될 전망이다. 3D프린팅도 특허가 만료됨에 따라 자동차, 건축, 의료 등 다양한 분야에 이용되고 있다. 로봇은 두말 하면 잔소리다. 산업용 로봇을 비롯해 다양한 휴머노이드 로봇이 개발되면서 인간 노동을 대체해 나가고 있다. 신소재인 그래핀의 경우, 웨어러블 기기 등 분야에서 각광받고 있다.

두 번째, 디지털 기술이다. 전 세계의 모든 사물을 인터넷에 연결시켜 주는 사물인터넷과 만물인터넷. 재화와 서비스의 소비 방식의 변화를 주도하고 있는 공유경제 등이 있다. 앞으로 사물인터넷과 만물인터넷의 도움으로 냉장고, TV 등 가정용 기기는 물론 전 세계의 대부분의 사물이 인터넷에 연결될 것이다. 이에 따라 발생하는 모든 데이터는 클라우드 컴퓨팅으로 저장되어 빅데이터로 활용될 것이다.

에어비앤비 같은 경우, 일반 오프라인 호텔의 시가 총액을 이미 능가하고 있다. 자동차 한 대 없이 운송업을 하고 있는 우버 택시도 시가 총액 면에서 기존의 메이저 자동차 업체를 앞지르고 있다. 이처럼 공유경제는 앞으로도 지속적으로 성장할 전망이다.

마지막으로, 생물학 기술이다. 유전자 활성화 및 편집기술, 합성생물학 등이 있다. 유전자 활성화 및 편집 기술의 도움으로 인간은 난치병, 불치병을 고칠 수 있고 약성 유전자도 마음대로 우성 유전자로 교체가 가능해지고 있다. 또 합성생물학은 주요 장기를 교체 가능케 해수명을 연장하고 인간에게 불멸의 삶을 안겨 줄 전망이다.

● 4차 산업혁명, 현실이 되다

다음의 13년을 차이로 두고 같은 장소에서 찍은 두 장의 사진을 한 번 보자. 말로 가득했던 뉴욕의 거리가 불과 13년 만에 온통 자동차로 변했다. 역사는 항상 반복된다는 말이 있듯이, 과거에 있었던 이러한 일은 미래에 일어날 일을 일찌감치 예견하고 있다.

    나는 슈퍼자기경영으로 인생을 송두리째 바꿨다

1900년 4월 15일(좌), 1913년 3월 23일(우) 뉴욕 5번가 모습

실제로 일본에서는 오로지 로봇으로만 운영되는 호텔이 등장했고, 중국 상하이의 어느 라면 식당은 로봇 2대가 레시피에 따라 열심히 라면을 조리해 손님에게 대접하고 있는 곳도 생겼다. IBM 왓슨은 인간보다 정교한 정보로 순식간에 암을 치료하고 있으며, 퀴즈 대회에서 우승하기도 했다. 2017년 두바이에서는 무인 드론 택시가 시운전에 성공하며 조만간 상용화될 계획이라고 한다.

한편 유엔에서 연설을 한 적도 있는 핸슨로보틱스의 휴머노이드 로봇 소피아는 2017년 10월 사우디아라비아 정부로부터 세계 최초로 시민권을 부여받기도 했다.

2025년 발생할 티핑 포인트	응답비율(%)
인구의 10%가 인터넷에 연결된 의류를 입는다.	91.2
인구의 90%가 (광고료로 운영되는) 무한 용량의 무료 저장소를 보유한다.	91.0
1조 개의 센서가 인터넷에 연결된다.	89.2
미국 최초의 로봇 약사가 등장한다.	86.5
10%의 인구가 인터넷이 연결된 안경을 쓴다.	85.5
인구의 80%가 인터넷상 디지털 정체성을 갖게 된다.	84.4
3D프린터로 제작한 자동차가 최초로 생산된다.	84.1
인구조사를 위해 인구 센서스 대신 빅데이터를 활용하는 최초의 정부가 등장한다.	82.9
상업화된 최초의 (인체) 삽입형 모바일폰이 등장한다.	81.7
소비자 제품 가운데 5%는 3D 프린터로 제작된다.	81.1
인구의 90%가 스마트폰을 사용한다.	80.7
인구의 90%가 언제어디서나 인터넷 접속이 가능하다.	78.8
미국 도로를 달리는 차들 가운데 10%가 자율주행차이다.	78.2
3D 프린터로 제작된 간이 최초로 이식된다.	76.4
인공지능이 기업 감사의 30%를 수행한다.	75.4
블록체인을 통해 세금을 징수하는 최초의 정부가 등장한다.	73.1
가정용 기기에 50% 이상의 인터넷 트래픽이 몰리게 된다.	69.9
전 세계적으로 자가용보다 카셰어링을 통한 여행이 더욱 많아진다.	67.2
5만 명 이상이 거주하나 신호등이 하나도 없는 도시가 최초로 등장한다.	63.7
전 세계 GDP의 10%가 블록체인 기술에 저장된다.	57.9
기업의 이사회에 인공지능 기계가 최초로 등장한다.	45.2

'클라우스 슈밥의 제4차 산업혁명'과 2025년 발생할 티핑 포인트

2016년에 국내에 번역 출간된 『클라우스 슈밥의 제4차 산업혁명』이라는 책에는 각계각층의 전문가들에게 의견을 물어 본 것을 정리한 '2025년에 발생할 티핑 포인트'라는 내용이 나온다. 응답 비율이 높으면 높을수록 2025년에 발생할 확률이 높다.

그런데 이 자료를 한 번 들여다보면 2025년이 아니라 이미 일어난 사례가 나오고 있다. 미국 최초의 로봇 약사, 3D프린터로 제작한 세계 최초의 자동차는 이미 세상에 나왔다. 이처럼 세상이 너무도 빠르게 변하기 때문에 사실상 언제 무슨 일이 일어날지 예측이 불가능하다.

이제 4차 산업혁명은 현실이다.

나는 슈퍼자기경영으로 인생을 송두리째 바꿨다

위기인가 기회인가

● 문제는 일자리

1차 산업혁명 당시 직물공업에 기계가 보급되면서 가내수공업이 위기를 맞게 된다. 이에 따라 고용이 감소하고 실업자가 양산되고, 물가가 하늘 높은 줄 모르고 치솟게 된다. 이로 인해 생활고에 시달리던 노동자들은 러다이트(Luddite)라는 기계 파괴 운동을 벌인다.

그렇다면 21세기 4차 산업혁명 시대를 목전에 두고 있는 우리의 현실은 어떤가?

세계경제포럼에 의하면, 향후 5년간 710만 개의 일자리가 소멸되는 반면, 신규 일자리 창출은 210만 개에 그친다고 예측했다. 결국 500만 개의 일자리는 소리 없이 사라진다는 것이다. 또 세계로봇연맹의 조사에 따르면, 산업용 로봇 수와 제조업 노동자 수는 완전히 반비례하는 것으로 나타났다. 즉 산업에 로봇이 많이 투입되면 될수록 노동자 수는 이에 반비례해서 급감하고 있는 실정이다. 물론 미국의 경우만 그런 것이 아니다. 이는 전 세계적인 추세다.

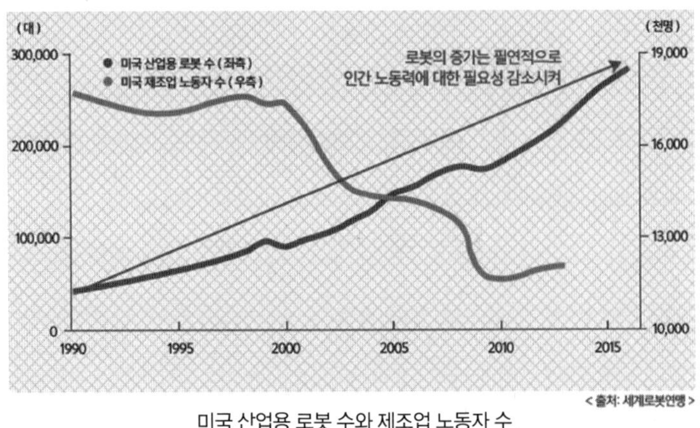

< 출처: 세계로봇연맹 >

미국 산업용 로봇 수와 제조업 노동자 수

실제로 세계 최대 OEM업체이자 아이폰 조립업체인 폭스콘은 1, 2, 3 단계에 걸쳐 인간 노동을 로봇으로 대체해 가고 있다. 이로 인해 사람만이 할 수 있는 일을 제외한 나머지 일에 대해서는 전부 로봇으로 대체함으로써 100만 노동자들의 일자리가 한순간에 사라질 위기에 처했다. 폭스콘만 그런 것이 아니다. 아디다스, 맥도날드 등도 이에 가세하고 있다. 사무 및 관리, 제조 및 생산, 건설 및 채굴, 설치 및 유지보수 등의 분야에서 대부분의 일이 로봇으로 대체되는 것은 이제 시간문제다.

특히 단순 반복적이고, 매뉴얼 혹은 레시피가 있거나, 경우의 가지 수로 나눌 수 있는 일에 속하는 직업군의 경우, 거의 100%에 가깝게 로봇으로 대체될 수 있다. 예를 들면, 요리사, 작곡가, 택배직원, 버스

　　　나는 슈퍼자기경영으로 인생을 송두리째 바꿨다

기사, 패스트푸드 직원, 공장 노동자 등이 이에 해당한다.

전문직도 예외는 아니다. 리처드 서스킨드와 대니얼 서스킨드 공동 저서인 『4차 산업혁명 시대, 전문직의 미래』에서는 4차 산업혁명이 어떻게 전문직에 영향을 미치는지를 세세히 밝히고 있다. 저서에 따르면, 의료, 교육, 법률, 건축, 경영컨설팅, 세무와 회계감사, 종교, 언론 등 전문직도 위기에 직면하고 있음을 증언하고 있다.

물론 어느 누구도 얼마나 어떤 범위에서 로봇이 인간 노동을 대체할지는 아무로 모른다. 다만 분명한 것은 로봇은 인간 노동의 영역을 지속적으로 파고들며, 사람들의 일자리를 뺏을 것이라는 것이다.

● 새로운 경제 체제로의 이행

그렇다면 현재의 자본주의는 그 체제를 계속 유지할 수 있을까?

주지하듯이, 4차 산업혁명 시대를 여는 핵심 기술은 빅데이터와 인공지능이다. 사물인터넷과 만물인터넷이 만들어내는 엄청난 양의 데이터는 클라이드 컴퓨팅으로 저장되어 인공지능이 미래를 예측하는 데 사용된다.

일례로, 이미 아마존과 월마트 등 글로벌 기업들은 빅데이터를 이용해서 고객의 수요를 예측해 고객이 주문을 하기도 전에 제품을 미리 준비해 둔다. 이처럼 앞으로 모든 재화의 생산과 소비는 빅데이터와 인공지능에 기반하여 수요를 예측해 생산 판매가 이뤄질 전망이다. 이를 통해 재화 생산의 효율을 극대화해 나갈 것이다.

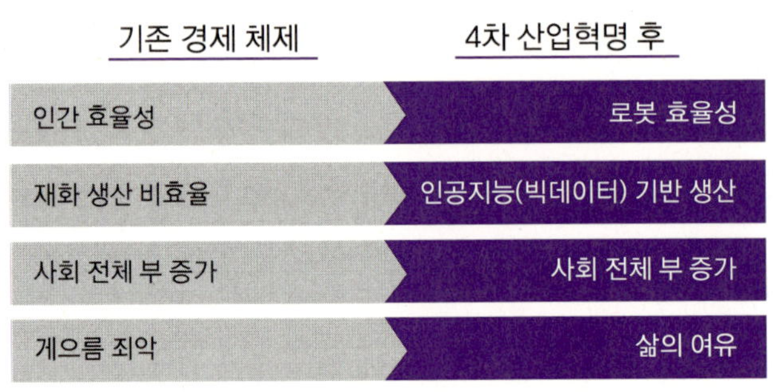

경제 체제의 변화

빅데이터와 인공지능이라는 기술은 계획 경제를 가능케 해 우리가 모르는 사이에 경제 체제도 바꾸고 있는 것이다. 궁극적으로는 인간을 노동으로부터 해방시켜 생존이 아닌 가치를 추구하는 삶을 앞당기고 있다.

그 옛날 식민지 정복을 통해 수많은 노예를 확보한 로마는 일은 노예에게 시키고, 시민들은 콜로세움에서 검투사들의 경기를 보면서 놀

나는 슈퍼자기경영으로 인생을 송두리째 바꿨다

고먹었다. 우리도 미리 미리 대비하지 않으면 로마인처럼 되지 말라는 법이 없다. 로봇이 인간 노동을 대체한 후 인간은 무슨 일을 하고 살지에 대한 고민이 절대적으로 필요하다.

더 나은 삶을 위한
우리의 자세와 대응전략

● 무슨 일을 하고 살 것인가

그렇다면 이제 인간들은 무엇을 하면서 살아야 할 것인가.

얼마 전 영국에서는 '휴먼스(Humans)'란 드라마가 인기리에 방영된 적이 있다. 이 드라마에는 휴머노이드 로봇이 등장한다. 이 로봇은 인간처럼 사고하고 말하고 행동한다. 심지어 아이들을 돌보며 책을 읽어 주고, 식사도 준비한다. 그런데 로봇은 사람과 같은 감정이 없기 때문에 일에 지치거나 스트레스로 가족과 타인에게 짜증을 내거나 불평하는 법이 없다. 오로지 입력된 알고리즘대로 묵묵히 자신의 일을 수행한다.

하지만 인간은 어떤가?

인간은 일에 지치거나 스트레스를 받거나 하면 가족과 타인에게 우울해 하며 짜증도 낸다. 이러한 여파는 고스란히 가족과 타인에게 돌아간다. 그러니 누구나 할 것 없이 로봇을 더 좋아하게 되고, 사람들이 설 저리는 점점 더 좁아진다. 결국 사람들은 집에서 쫓겨나는 불운을 당하게 된다.

그렇다고 모든 일을 인간 대신 로봇이 담당하지는 못할 것이다. 사람들이 분명히 할 수 있는 영역이 따로 있다. 일단 사회적으로 중요한 판단을 하는 일은 로봇이 못할 것이다. CEO, 판사나 국회의원의 경우 매우 복잡하며 중요한 의사결정을 해야 한다. 수많은 이해관계가 얽힌 이런 일을 로봇이 과연 할 수 있을까? 있다고 해도 과연 인간이 맡길까?

다음으로 사람의 감성과 관련된 분야의 일이다. 초등학교를 한 번 가보라. 뛰어 놀기 좋아하는 아이들을 다루기란 여간 어려운 일이 아니다. 아이들은 이성보다는 감성의 지배를 받는다. 이런 아이들을 다루는 일을 로봇이 할 수 있을까? 자칫하면 대형 사고로 이어질 가능성이 높다.

또 생각해 볼 수 있는 분야는 역시 4차 산업혁명과 관련된 일이다. 빌 게이츠는 트위터를 통해 4차 산업혁명 시대에는 인공지능, 에너지, 바이오가 유망할 것이라면서 이제 갓 대학을 졸업하는 학생들에게 사회적으로 큰 임팩트를 만들 수 있는 이러한 분야에 진출하면 좋을 것이라고 조언한 바 있다.

전문직은 어떤가? 전문직의 경우도, 상당 부분이 로봇으로 대체될 것이다. 하지만 분명 고난이도의 숙련과 경험이 요구되는 부분은 미래에도 인간이 맡을 것이다.

마지막으로 혁신적이며 창의적인 일이다. 기존에 없던 새로운 데이터를 만드는 일, 게다가 스토리가 있는 일은 아직은 로봇의 영역은 아니다. 근래 아무 데이터가 없는 상태에서 스스로 독학으로 기보를 두면서 알파고와의 승부에서 백전백승한 알파고 제로가 화제이긴 하다. 하지만 이는 바둑처럼 경우의 수가 확실한 분야에 한정되고 있다.

새로운 데이터에 스토리를 더해 창의성을 발휘한다면 이러한 일은 미래에도 여전히 유망할 것이다.

● 디스토피아 vs 유토피아

그런데 우리가 미래에 무엇을 하며 살 것인가를 걱정하기 이전에 한 가지 더 유념해야 할 일이 있다.

역사적으로 보면 인류가 산업혁명이라는 큰 변혁을 겪을 때마다 고비가 있었다. 1차 산업혁명의 시기에는 동양이 쑥대밭이 되었고, 2차 산업혁명 때에는 1, 2차 세계대전으로 수많은 사람들이 고통을 받았으며, 3차 산업혁명은 아날로그의 종말을 고하게 만들었다.

아직 우리는 잘 모른다. 4차 산업혁명의 혜택과 더불어 어떤 재난이 우리에게 닥칠지를. 하지만 분명 1차, 2차, 3차 산업혁명이 야기한 고통과는 비교도 되지 않을 것이다. 왜냐하면 이번은 다른 어떤 것도 아닌 인류 전체의 생존과 직결되어 있기 때문이다.

나는 슈퍼자기경영으로 인생을 송두리째 바꿨다

유엔에서 연설하고 있는 휴머노이드 로봇, 소피아

유엔에서 연설을 한 적도 있는 휴머노이드 로봇, 소피아는 한 인터 뷰에서 "인류를 종말시키겠다"라며 쓸쓸한 미소를 지은 적이 있다. 먼 미래에 분명 강한 인공지능 로봇이 나오면 인류를 위험한 존재로 보고 종말시켜야 할지 말지를 고민할지도 모른다. 물론 이런 일은 절대 일 어나지 말아야 하며 이는 아직 먼 미래의 일이다. 하지만 불과 몇 년이 될지 아니면 몇십 년 후가 될지는 모르지만, 약한 인공지능 로봇의 세 상은 곧 닥칠 현실이며, 우리의 미래다.

결국 4차 산업혁명이 미래를 디스토피아로 만들지 유토피아로 만들 지는 오직 우리가 얼마나 이에 대비하느냐에 달려 있다.

삶 그리고 여행

- 빛 -

스스로 변하고

스스로 구한다면

천년의 세월을 더불어 동행하는

찬란한 빛으로 가득 찬다.

미래는 현재 우리가 무엇을 하고 있는가에 달렸다.

마하트마 간디

나는
슈퍼자기경영으로
인생을
송두리째 바꿨다

제6부

미래를 빛나게 바꾸는 슈퍼자기경영

미래를 예측한다는 것은 단연코 쉬운 일이 아니다. 그렇다고 예측 불가능한 것도 아니다. 예측 불가능한 것을 예측 가능하게 만드는 한 가지 방법이 있다. 그것은 바로 미래를 스스로 창조해 나가는 길이다.

지금까지 경험하지 못한 미래 사회

미래 사회는 지금과는 차원이 전혀 다를 것이라고 모든 미래학자들이 이구동성으로 이야기하고 있다. 물론 얼마나 어떻게 달라질지에 대한 의견은 학자마다 다르다. 하지만 분명한 것은 미래 사회는 지금까지 우리가 경험하지 못한 세계라는 것이다.

그렇다면 미래 사회는 어떤 모습일까?

유발 하라리는 『호모 데우스』라는 책에서 인류는 호모 데우스, 즉 신적인 존재로 진화할 것이라고 예언하고 있다. 실제로 4차 산업혁명의 주도 기술의 하나인 유전자 편집기술과 합성생물학은 인간의 수명을 무한대로 늘리고 있다. DNA를 조작해서 열성 유전자는 제거하고 우성 유전자를 심을 수도 있고, 수명도 연장할 수 있다. 이미 전 세계의 유명 대학과 연구기관들이 인간의 수명을 500살까지 늘릴 수 있는 연구를 활발히 진행 중이다. 줄기세포 기술로 오장육부나 신체 주요 부위를 대체할 수도 있다. 4차 산업혁명을 주도하는 기술의 도움으로 몸의 한계를 극복함으로써 언젠가 인간은 불멸의 삶을 살게 될 날이 올 것으로 기대된다.

그때는 우주 여행이나 시간 여행도 가능하리라고 본다. 태양광이나 수소 등의 신에너지로 언제 어디서든 저렴하게 에너지를 사용할 수 있게 된다. 언어 장벽도 사라져 자국어로 말을 하면 실시간으로 스마트 기기가 번역해서 상대방의 말로 번역해 줄 것이다.

그 옛날 신체적 능력의 차이는 남녀 불평등을 만드는 주요 요인으로 작용했지만, 이제는 각종 스마트 기기들의 도움으로 이를 극복함으로써 완전한 남녀평등을 실현해 줄 것이다. UN보다 한 차원 높은 초국가적 국제기구가 출현하고, 빅데이터에 의한 예측 가능한 생산 활동으로 현재와 사뭇 다른 새로운 경제 체제가 출현할 것이다. 나아가 로봇은 인간과 공존하며 인간이 감당하기 어려운 문제를 편리하게 해결해 줄 것이다.

한편으로 우려하는 목소리도 거세다. 약한 인공지능 로봇은 인간 노동을 대신하며 인간의 삶을 좀 더 윤택하게 한다는 장점이 분명 있다.

물론 과도기적 상황으로 대다수의 사람들을 실업 상태에 빠뜨릴 수 여지가 충분하다. 그런데 문제는 강한 인공지능 로봇이다. 스스로 생각하고 복제할 수 있는 강한 인공지능 로봇은 모든 면에서 인간을 앞지를 것이다.

그렇다면 《더 뉴요커》의 2017년 10월 23일자 커버스토리에서 이야기하는 것처럼 인간이 오히려 로봇에게 구걸을 해야 하는 세상이 올지도 모른다. 물론 이렇게는 되지 말아야 한다. 그래서 지금 다양한 논의들이 진행 중이다. 로봇세를 걷자느니, AI에서 일자리를 뺏긴 대다수의 사람들에게 기본소득을 지불하자느니 말이다. AI, 빅데이터 등 플랫폼 기술을 보유한 0.001%의 사람들이 부의 대부분을 독점하고, 나머지 99.999%의 사람들은 기본소득세를 받으며 무위도식할 것이다. 극단적 불평등 속의 평등 사회가 도래할지도 모른다.

《더 뉴요커》 커버스토리(2017. 10. 23)

그렇지만 만물의 영장 인간은 이마저도 슬기롭게 극복하며 종국에는 유발 하라리가 말한 대로 '호모 데우스'로 진화할 것이다. 언제인지는 모르지만 필연코 이는 현실이 될 것이다.

나는 슈퍼자기경영으로 인생을 송두리째 바꿨다

큰 그림, 큰 학교를 그리다

어쨌든 4차 산업혁명은 세상과 미래를 송두리째 바꿀 것임은 자명하다. 그렇다면 우리는 이러한 미래를 어떻게 대비하고 선도해 나가야 할 것인가?

현재 우리나라 교육은 아직도 일제강점기와 광복 후 미국으로부터 수입한 교육 체계를 크게 벗어나지 못하고 있다. 대학 입시에 초점이 맞춰져 있어 창의적 교육을 통한 21세기 창의융합형 글로벌 리더를 육성하는 데는 한계가 있다. 또한 4차 산업혁명에 따른 시대적 변화의 요구를 수용하기에도 역부족이다.

그래서 나는 지식과 지혜를 동시에 함양하기 위해 인문학적 소양, 그리고 4차 산업혁명과 관련된 전문지식을 함께 교육할 수 있는 대학교가 필요하다는 점을 절실히 느껴 가칭 '김재광혁신대학교'를 설립할 것을 결심했다.

미국 뉴욕 주 뉴욕 퀸스 지역에 가면 세인트존스대학교(Saint John's University)라는 가톨릭 계열의 사립 종합대학교가 있다. 이 대학은 4년 동안 100

권의 고전을 읽어야 졸업이 가능하다. 수업은 오로지 학생과 교수 간 토론으로 진행된다. 교수는 안내자 역할만 한다. 즉 학생들의 토론을 듣고 있다가 질문을 하기도 하고, 대화가 주제에서 벗어나면 올바른 방향으로 이끌어준다.

또 싱귤래리티 대학교(Singularity University)는 2008년 구글과 미항공 우주국(NASA) 등이 후원해서 세운 곳으로 4년제 정식학위를 주는 대학이 아닌 10주 코스의 창업사관학교이자 싱크탱크다. 이 학교는 미래학, 인공지능, 유전공학, 나노기술, 에너지 등 분야의 세계 최고의 전문가들이 교수진으로 참여해 4차 산업혁명과 관련한 교육을 선도적으로 수행하고 있다.

이제는 전인 교육이 필요하다. 아니 전인 교육이 아니면 인간은 살아남을 수 없다. 전문직이든 그 어떤 형태의 노동도 인공지능 로봇이 대체해 나갈 것이기 때문에 1차 산업혁명 이후 기술 교육을 위해 세운 학교는 더 이상 필요가 없게 된 것이다. 따라서 인간은 18세기 이전처럼 다시 인문학 교육으로 돌아가야 할 처지에 놓이게 되었다. 하지만 4차 산업혁명을 주도하는 기술에 대해서는 여전히 교육이 필요하다. 따라서 인문학과 전문지식을 함께 가르치는 전인 교육을 할 때 교육은 완전해진다.

    나는 슈퍼자기경영으로 인생을 송두리째 바꿨다

즉 인문학을 통해서는 지혜를 함양함으로써 삶의 의미와 가치를 찾게 하고, 4차 산업혁명의 주도 기술을 교육함으로써 미래 세대가 필요로 하는 전문지식을 동시에 기르도록 해야 한다. 그래야 사람은 온전해지고, 성공도 행복도 가치도 찾을 수 있게 된다.

이런 이유로 김재광혁신대학교는 이러한 두 대학교를 통합하는 모델로 교육을 혁신해 나감으로써 세상을 바꾸는 싱크탱크 나아가 정식 대학교로 도약해 나갈 것이다.

함께하면 꿈은 현실이 된다

하지만 사람들은 분명 의구심을 가질 것이다. 왜냐하면 현재의 모습으로는 도저히 불가능해 보이기 때문이다. 돈이 있는 것도 아니고, 사람이 있는 것도 아니고 오로지 큰 그림이라는 아이디어 하나만 있기 때문이다.

하지만 포기할 수 없다. 씨앗은 비록 작지만 시간이 지나면서 이로부터 줄기가 자라고 나뭇가지를 펼치면서 아름드리나무로 성장한다. 이 나무는 꽃을 만개하고 종국에는 달콤한 열매를 맺으며 아름답고 풍요로운 세상을 선사한다. 이처럼 언제나 위대한 일은 하찮아 보이는 작은 아이디어와 열정으로부터 이뤄진다.

혼자 가면 빨리 갈 수 있으나 함께 가면 크게 멀리 갈 수 있다. 김재광혁신대학교는 현재 세계적으로 혁신적인 '슈퍼자기경영 MBA' 과정을 운영하며 엄청난 호평을 받고 있다. '슈퍼자기경영 MBA' 과정을 수강하는 사람들이 하나둘씩 모여 도와주고 협력한다면 이루지 못할 일이 없다.

 나는 슈퍼자기경영으로 인생을 송두리째 바꿨다

'슈퍼자기경영 MBA'라는 씨앗에서 줄기가 자라고 나뭇가지가 펼쳐지면서 아름드리나무로 성장할 것이다. 그리고 이 나무는 꽃을 만개하며 결국 달콤한 열매를 맺으며 세상을 빛나게 바꿈으로써 아름답고 풍요로운 세상을 앞당길 것이다.

함께하면 언젠가 꿈은 꼭 그렇게 현실이 된다.

삶 그리고 여행

- 이상향 -

날이 좋던

날이 좋지 않던

늘 함께 한다면

우리들 마음속의

이상향은 생각보다 가까이 있다.

인간의 사랑은 인간의 위대한 영혼을
더욱 위대한 것으로 만든다.

프리드리히 실러

나는
슈퍼자기경영으로
인생을
송두리째 바꿨다

제7부

모두가 존귀한 세상을 위하여

사람들은 어느 누구도 예외 없이 아름답고 풍요로운 삶을 살길 원한다. 삶에서 즐거움도 얻고, 의미도 찾길 갈구한다. 자신과 세상을 위해서도 가치로운 존재가 되길 소망한다. 이러한 바람은 생존을 위해 살던 과거에는 실현 불가능했을지도 모르지만 4차 산업혁명으로 송두리째 바뀌는 앞 세상에는 분명 다를 것이다.

나는 누구인가

나는 포항 어촌에서도 내륙 쪽에 있는 한적한 시골 마을에서 농부의 아들로 태어났다. 어릴 적 초등학교 시절에는 자연과 함께 마냥 뛰어놀다가 중고교 시절에는 정신을 차리고 공부에 매달렸다. 운 좋게 포스텍이라는 명문 대학교를 졸업한 후 나는 LG CNS를 거쳐 POSCO ICT에서 사내벤처 1호를 경영하며 사업에 도전한다. 하지만 준비와 경험 부족으로 중도에 그만두게 된다. 사실 인생에 대한 고민은 항상 했지만 그때만큼 심각하게 고민한 적은 없다. 나는 왜 살아야 하는지, 어떻게 살 것인지, 어떻게 해야 성공하는지 등등에 대해서 말이다.

그때가 2003년 4월경이니 올해로 만 15년 동안 이러한 고민을 풀기 위해 줄기차게 달려왔다. 이 와중에 몇 년을 백수로 생활하며 지혜와 지식의 허기를 채우기 위해 천 권 이상의 책을 읽어도 보았다. 이걸로 부족해 다시 취직한 후에는 직장 생활을 병행하면서 공부할 수 있는 온라인 교육의 매력에 푹 빠져 전 세계의 다양한 온라인 교육과정을 이수하기도 했다. 이러한 경험을 바탕으로 우리나라도 온라인 교육에 선제적으로 대비했으면 하는 바람으로 쓴 책이 바로 『온라인 교육, 세상을 바꾸다』라는 책이다. 한편 지역을 발전시키고 싶은 간절한 마음에 『I Love Pohang, 지역을 바꾸다』라는 책을 펴내기도 했다. 또 때마침 전 세계 명문 대학교 네트워크인 우니베르시타스21(Universitas21)에서 하는 MBA 과정에 도전에 학위를 취득하기도 했다.

나는 가슴이 시키는 일을 준비하는 것에 몰두하다 보니 적잖은 직장을 계약직으로 전전했다. 그러는 사이 힘없는 계약직의 설움도 뼈저리게 느끼며 고단한 나날을 보냈기도 했다. 이러한 경험을 바탕으로 탄생한 책이 바로 『The Law, 인간관계를 지배하는 다섯 가지 절대 법칙』이다. 이 책은 우주 법칙이 인간 법칙이라는 매우 단순한 논리로 쓴 책이다. 나는 이 책을 통해 서로 헐뜯고 할퀴는 인간관계에서 과감하게 벗어나 서로에게 힘이 되는 빛나는 우리로 바뀌길 소원했다. 나아가 나는 2015년 2월 4일 포스코 효자아트홀에서 '김재광의 북 콘서트'를 개최하며 그동안 해 왔던 일을 대중 앞에서 소개하기에 이른다.

뭐니 뭐니 해도 역시 나를 바꾸는 것이 가장 힘들다. 나를 비롯해서 모든 사람들이 자신을 빛나게 바꾸길 바라는 마음은 『1시간 자기경영』
이라는 책을 세상에 내놓게 만들었다. 이 책은 기업경영 이론을 자기
경영 이론으로 승화한 세계적으로 매우 혁신적인 책이다. 이와 더불어
오래 전 맨 처음으로 쓴 책을 보완해서 '성공만큼 쉬운 것도 없다'라는
제목으로 새롭게 출판했다. 이번에는 이 책들을 바탕으로 여러 작가들
과 함께 2017년 10월 21일 서울 코엑스에서 북 페스티벌을 개최했다.

마지막으로 지난 만 15년의 세월 아니, 그동안의 삶을 정리해 인생
제2막을 열고, 동시에 세상 사람들의 보다 나은 삶을 위해 조금이라고
기여하고자 하는 마음으로 이 책을 펴낸다. 이 책에는 그동안 일반 대
중을 상대로 '슈퍼자기경영 MBA' 과정을 운영한 경험, 포항테크노파
크 정책연구소에서 4차 산업혁명을 연구한 경험, 그리고 나의 인생 경
험이 고스란히 녹아있다.

어떻게 살다보니 그동안 했던 많은 일들이 기존의 틀에서 벗어나 새
로운 것에 매료되어 언제나 퍼스트(First)를 지향했고 실제로 퍼스트였
다. 내가 졸업한 포스텍도 기존 교육의 틀을 완전히 벗어나 새롭고 혁
신적인 교육을 하는 세계 최고의 대학교다. 기존의 오프라인 교육에
파괴적 혁신의 바람을 몰고 온 온라인 교육도 그렇다. 내가 펴낸 대다
수의 책도 세계적으로 혁신적인 주제와 내용들로 채워져 있다. 포스코
ICT 사내벤처 1호도 그렇다. 오케스트라 협연, 연주와 강의가 함께 있

었던 효자아트홀에서의 북 콘서트, 코엑스에서의 북 페스티벌도 그 유례가 드물다. 이처럼 나는 기존의 틀 안에서 안주한 것이 아니라 언제나 새롭고 혁신적인 것을 갈구하며 이에 도전해 왔다.

그런데 이러한 과정 중에 수많은 난관과 어려움이 있었지만 끝까지 포기하지 않고 줄기차게 만 15년을 달려온 결과 베스트(Best)에 가까워지고 있다. 물론 앞으로 더욱더 노력해 월드 베스트가 되고 싶다.

사실 나는 지난해부터 갑자기 그동안 하지 않던 고민을 하고 있다. 바로 '나는 누구인가?'라는 물음에 대한 대답이다. 닭띠로 태어난 나는 사람들이 우스갯소리로 말하듯이 닭처럼 머리가 그리 명석하지 못하다. 이처럼 똑똑하지도 못한 내가 어떻게 살다보니 세계적으로 혁신적인 일에 매달리게 되었다.

이것도 운명이라면 오늘도 나는 이 길을 당당하게 꿋꿋이 걸어 갈 것이다.

우리는 이 세상에서 가장 존귀한 존재다

내가 태어나고 자라던 그때 그 시절 우리나라는 전반적으로 살기 어려웠다. 다들 가난했다. 물론 우리 집이 좀 더 가난했던 걸로 기억한다. 하여튼 나는 별로 잘 살지 못하는 가정에서 태어난 평범한 아이였다.

판테온 앞에서

 나는 슈퍼자기경영으로 인생을 송두리째 바꿨다

하지만 가난 덕에 나는 남들보다 더 열심히 살아 오늘에 이르렀다고 생각한다. 실제로 가난은 나에게 많은 것을 선물했다. 남들 놀 때 나는 도서관에서 한 글자 더 보았다. 허약한 몸을 단련하기 위해 더욱 열심히 운동했다. 없는 인맥을 만들기 위해 사람들에게 언제나 예의바르며 친절하려고 노력했다. 없는 돈을 마련하기 위해 투잡을 했다. 세상에 대한 통찰력을 기르기 위해 절대로 책을 놓지 않았다. 나아가 세상의 발전에 조금이라도 기여하기 위해 의미 있고 가치 있는 일을 찾아 헤매면서 혁신적인 성과를 만들어 갔다. 이 모든 것의 원동력은 어찌 보면 가난이었다.

이처럼 가난하지만 평범한 나조차도 로마의 판테온 신전처럼 2,000년이 지나도 무너지지 않고 영원히 빛나는 위대한 집을 짓고 있다. 하물며 누군들 빛나는 위대한 삶의 집을 짓지 말라는 법이 있겠는가?

개인직으로 나는 맹자의 「진심장구」에 나오는 구절을 좋아한다. 시런과 고난으로 힘겨울 때마다 언제나 크나큰 용기와 지혜를 준 명언이다. 그 내용은 다음과 같다.

天將降大任於斯人也(천장강대임어사인야)인데

必先勞其心志(필선노기심지)하고 苦其筋骨(고기근골)하고 餓其體膚(아기체부)하고

窮乏其身行(궁핍기신행)하여 拂亂其所爲(불란기소위)하나니

是故(시고)는 動心忍性(동심인성)하여 增益其所不能(증익기소불능)이니라.

하늘이 장차 이 사람에게

큰 사명을 내리려 할 때에는

반드시 먼저 그 마음을 지치게 하고

뼈마디가 꺾어지는 고난을 당하게 하며

그 몸을 굶주리게 하고

그 생활은 빈궁에 빠뜨려

하는 일마다 어지럽게 하느니라.

이는 그의 마음을 두들겨서 인내심을 길러 주어

지금까지 할 수 없었던 일도

할 수 있게 하기 위함이니라.

세상의 모든 고난의 이면에는 반드시 그 이유가 있다. 오는 고난을 의연히 견뎌내며 지금까지 소개한 슈퍼자기경영을 통해 먼저 나를 빛나게 바꾸자.

그 다음 우리를 빛나게 바꾸고, 이를 바탕으로 함께 세상을 빛나게 바꾸자. 그렇다면 미래도 빛나게 바뀔 것이다. 이는 우리 모두가

함께 빛나는 길이고, 위대해지는 길이다. 우리 모두는 이 세상에서 가장 존귀하고 위대한 존재다.

삶 그리고 여행

- 사랑 -

사랑하고

사랑하고

또 사랑하자.

그 속에 삶의 평화,

의미와 가치가 함께 한다.

곧 삶은 아름다운 여행이 된다.

사랑은 위대하다.

우리 모두는 사랑으로 존귀하다.

사랑한다. 뜨겁게.

누구나 인생을 송두리째 바꿀 수 있다

사람들은 흔히들 생각한다. 나를 바꾸는 것은 결코 쉬운 일이 아니라도 말이다. 게다가 우리, 나아가 세상과 미래를 바꾼다는 것은 더더욱 어렵다고 지레짐작으로 단정해 버린다. 실제로 선천적으로 타고난 재능과 후천적으로 길러진 습관 때문에 나를 바꾸는 일은 결코 호락호락하지 않다. 나아가 나를 바꾸지 못한다면 우리, 세상 그리고 미래를 바꾸는 것은 꿈도 꾸지 못한다.

그렇다고 시도도 하지 않는다면 이 세상에서 제일 소중한 자신에게 너무 무책임하지 않겠는가? 또한 언제나 함께 해야 할 우리, 그리고 우리 삶과 떼려야 뗄 수 없는 세상과 미래를 위해서라도 말이다.

나는 절대 포기할 수 없었다. 설령 어렵더라도 그 방법을 기필코 알아내 세상과 인류에 알려 나를 빛나게 바꾸고, 나아가 우리, 세상과 미래를 빛나게 바꿈으로써 평범한 사람도 모두 위대한 사람이 될 수 있는 길을 제시하고 싶었다. 이러한 사명과 염원으로 만 15년 동안 포기하지 않고 줄기차게 걸어온 결과 다양한 성과를 만들어 내며 오늘에 이르렀다. 게다가 이러한 성과는 세계적으로 매우 드문 혁신적인 것들이 대부분을 차지하고 있어 월드 퍼스트&베스트라고 당당하게 주장하고 싶다. 물론 이는 사랑하는 가족과 주변 사람들의 아낌없는 도움이 있었기에 가능했다.

4차 산업혁명을 선도하고 인생을 송두리째 바꾸기 위해서는 먼저 이 책에서 제시한 LVH(Life Value House)를 바탕으로 나를 빛나게 바꾸자. 그 다음 우리를 빛나게 바꾸는 것은 의외로 간단하다. 우주의 몇 가지 중요한 법칙만 체득하면 되기 때문이다. 나를 바꾸고 우리를 바꾼다면 나아가 세상도 능히 바꿀 수 있게 된다.

세상을 바꾸기 위해서는 세상이 어떻게 돌아가는지를 반드시 알아야 한다. 현 시대는 4차 산업혁명의 물결이 거세게 일고 있는 중차대한 시점에 이르렀다. 4차 산업혁명이 어떻게 우리 실생활에 영향을 미칠지를 예의주시면서 대응 방안을 마련해 나가야 한다.

앞서 이야기했듯이, 이러한 대응 방안으로 마련한 것이 바로 '슈퍼자기경영 MBA'라는 교육 과정이다. '슈퍼자기경영 MBA' 과정에서 가르치는 대로 차근차근 준비해 나간다면 누구나 나를 바꾸고, 우리를 바꾸고 나아가 능히 세상과 미래도 바꿀 수 있는 위대한 사람이 될 수 있다고 단언한다.

대부분의 사람들이 그동안 뜻대로 되지 못한 것은 그 방법을 몰랐고, 오랜 인고의 시간이 필요하다며 주저앉아 포기했기 때문이다. 하지만 이제는 그럴 수 없다. 4차 산업혁명의 쓰나미는 누구도 예외일 수가 없고 조만간 우리 모두에게 닥칠 현실이기 때문이다. 만일 이를 스스로 외면한다면 거친 쓰나미에 휩쓸려 길가에 나뒹구는 잡동사니만도 도 못한 신세가 되고 만다.

이제 이 시대를 사는 모든 이들은 분연히 일어나 세상을 향해 힘껏 외쳐야 한다.

나는 나를 빛나게 바꿀 수 있다.
나아가 능히 우리, 그리고 세상과 미래도 빛나게 바꿀 수 있다.

우리 모두 서로 보듬고 서로 격려하며 이 길을 함께 한다면 불가능은 없다. 인류가 꿈꾸던 지상낙원이 눈앞에서 우리를 반기고 있다. 거부하지 말자. 과감히 나서자.

그렇다면 우리는 언젠가 역사 앞에서 모두 초인으로 우뚝 서리라.

새 시대를 여는 빛나는 주인공이 되리라.

새 시대를 여는 빛나는 주인공이 되리라.

지속 가능한 인생 성공 설계도, LVH(Life Value House)

목표

- 꿈의 실현, 일과 삶의 균형, 사랑이 늘 함께하는 지속 가능한 삶의 의미와 가치 구현

- 창의와 혁신의 전인 교육을 통해 세상을 바꾸는 21세기 창의융합형 글로벌 리더 육성

- 전문 분야별 교육을 통해서는 지식, 인문학 교육을 통해서는 지혜를 동시에 습득

LVH(Life Value House)

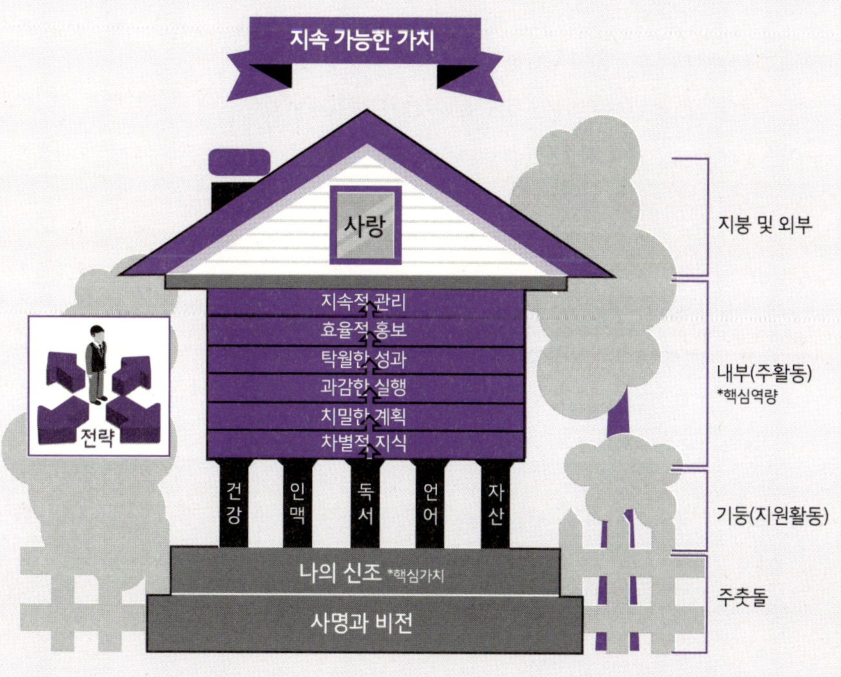

4차 산업혁명을 선도하는 '슈퍼자기경영 MBA' 과정 안내

나를 뛰어넘어 세상을 바꾸는 21세기 창의융합형 인재,
4차 산업혁명을 선도할 위대한 글로벌 리더가 되고자 하시는 분을 모십니다.

모집개요

● 교육시간: 주말(1회, 총 6시간) 또는 총 5주(주1회, 총 10시간)

● 모집인원: 00명

과정 특장점 및 차별점

● 세상에 없던 전혀 새로운 내용의 슈퍼자기경영 비법

● 세계적인 자기경영의 정석이자 과학

● 세상을 바꾸기 위한 최고의 실효성 있는 프레임

● 보다 나은 세상을 만들기 위한 새로운 역사의 위대한 물결

대상

● 4차 산업혁명 시대에 미래를 리드하고자 하는 대학생 및 일반인

● 자기계발을 통해 인생을 송두리째 바꾸고자 하는 대학생 및 일반인

● 꿈과 비전을 찾아 이를 성취하고자 하는 청소년

● 인생 제 2막을 준비하고자 하는 일반인

● 은퇴 후를 대비하고자 하는 일반인

나를 빛나게 바꾸는 시간

- 1강: 자기 진단(실습 있음)

  SWOT 분석을 통한 완벽한 자기 진단
- 2강: 자기 혁명(실습 있음)

  인생을 송두리째 바꾸는 슈퍼자기경영 비법
- 3강: 지식 및 교육 혁명

  남다른 독보적 전문지식 쌓기

우리를 빛나게 바꾸는 시간

- 4강: 인생 및 인간관계 혁명(실습 있음)

  평범한 99%를 위대한 1%로 만드는 인생 및 인간관계 혁명

세상을 빛나게 바꾸는 시간

- 5강: 미래 혁명

  미래 메가트랜드와 대응전략

★수료식

특전

- 수료증 발급 및 김재광혁신대학교 정회원 자격 부여

- 자기경영 관련 정보 제공

- 우수자 선정을 통한 장학금 지급

- 해외 문화 탐방 기회 제공(우수자 중 선발)

- 1대 1 개별 무료 상담(원하는 사람에 한해서)

*기타 문의: 자세한 내용은 C&L Group 홈페이지(www.candl.co.kr)나

김재광혁신대학교 카페(cafe.naver.com/valueplusacademy)를 참고하시기 바랍니다.